Inhalt

Schule – wir kommen!

ein Wimmelbild beschreiben; Lupenausschnitte im Bild suchen und benennen/dazu erzählen
→ BWK 1–7, 18–20
→ Audio-CD, Track 1

Buchstaben identifizieren und Wörter mit passenden Anfangsbuchstaben (Lauten) im Wimmelbild wiederfinden (z. B. **A**pfel, **A**ffe, **A**quarium, **M**otorrad, **M**ond, **M**aus, **M**ilch, **L**ehrerin, **L**ineal, **L**uftballon, **E**sel, **E**lefant, **E**rdbeere, **O**skar, **O**rdner, **O**ma...)

Auf unserem Schulhof

die Buchstaben des ersten Kapitels erkennen/erlesen

Was ist denn das?

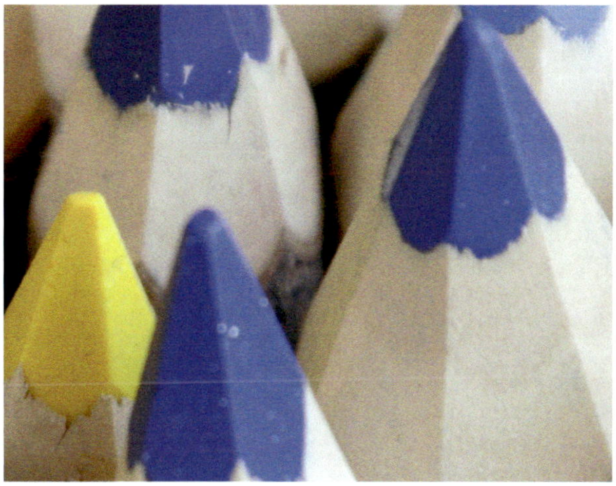

Bildausschnitte zu Schulgegenständen und zur Knetfigur Oskar erkennen und benennen

In unserer Klasse

Wörter aus bekannten Buchstaben im Bild identifizieren und erlesen

Oskars erster Schultag

Heute ist Oskars erster Schultag.
Einige Kinder kennt er schon,
mit denen er in die 1. Klasse gehen wird:
Ole, Rani, Lea, Lin und Enes.
Oskar schreibt noch schnell
seinen Namen auf sein neues Heft
(das kann er nämlich schon): Oskar

Dann kann es losgehen –
Mama wartet schon mit der Schultüte!

einen Vorlesetext zur Leitfigur Oskar anhören, eigene Erfahrungen zum Thema „erster Schultag“ austauschen
→ **Audio-CD**, Track 2

Vorlesetexte

Überall ist Schule

Überall auf der Welt
gehen Kinder
zur Schule.
Nicht alle Schulen
sehen aus wie deine!
Wie lernen Kinder anderswo?
Vergleicht!

Britische Schulkinder tragen Schul-Uniformen.

Vorlesetexte anhören; Bilder zur Schulsituation in anderen Ländern der Welt betrachten; Vergleiche anstellen, Gemeinsamkeiten und Unterschiede feststellen
→ **Audio-CD**, Track 3

In Indien
gehen manche Kinder
erst abends zur Schule.
Tagsüber passen sie
auf ihre Geschwister auf.

In Japan
tragen die Kinder
Hausschuhe in der Schule.
Sie machen
ihr Klassenzimmer
selbst sauber.

In Afrika findet
an manchen Orten
der Unterricht
unter freiem Himmel statt.
Die Kinder sitzen
im Schatten und lernen.

Projektanregung: (Bilder-)Buchmaterial zum Thema sichten und ausstellen; Mütter und Väter einladen, die von ihrer Schulzeit in anderen Ländern berichten

Wir lernen uns kennen

Wir spielen ein Spiel.
Jedes Kind
stellt sich vor.

Ich bin sechs Jahre alt.

In unserem
Klassenzimmer
wollen wir uns
zusammen wohlfühlen.

Wir schreiben
und malen
unsere Wünsche
für die Schule auf.

Ich will bald meine erste
Geschichte schreiben!

Kennenlernspiele spielen; das Klassenzimmer individuell nach den Ideen und Vorlieben der Kinder gestalten; Wünsche für das erste Schuljahr und gemeinsame (Lern-)Aktivitäten sammeln und besprechen

Hallo! Wie geht es dir? Güle güle!

Wir begrüßen
und verabschieden uns
in vielen Sprachen.

Auf Schwedisch heißt
„Guten Morgen“
„god morgon“.

Wie geht es dir heute?
Kannst du auch ohne Worte zeigen,
wie du dich fühlst?

Formeln und Phrasen im Rollenspiel erlernen und festigen: Begrüßung und Verabschiedung, Fragen nach dem Befinden; dabei verschiedene Herkunftssprachen einbeziehen; Gefühle nonverbal zum Ausdruck bringen, über die Darstellungsweise sprechen

Unsere Klassenregeln

Wenn ich
etwas sagen möchte,
melde ich mich.

Ich höre gut zu
und lasse
andere ausreden.

Ich frage nach,
wenn ich
etwas nicht verstehe.

Gesprächsregeln für die Klasse besprechen und festlegen; Symbole für die Regeln vereinbaren
→ BWK 12, 13

Ich arbeite leise,
um andere Kinder
nicht zu stören.

Ich helfe anderen.

1. 

Habt ihr noch andere Klassenregeln?
Malt und schreibt!

eigene Regeln malen, aufschreiben und in der Klasse aufhängen

die
Tafel

die
Kreide

der
Tisch

der
Stuhl

der
Bleistift

der
Buntstift

der
Filzstift

der
Radiergummi

das
Lineal

der
Spitzer

der
Malkasten

das
Mäppchen

das
Heft

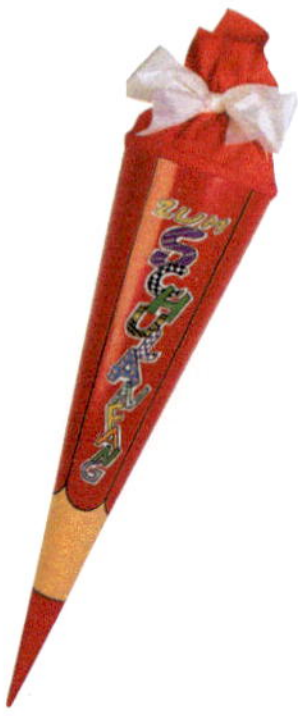

die
Schultüte

die
Schultasche

der
Schwamm

einen Bildwortschatz zum Thema „Schule" besprechen; Lieblingsgegenstände, -farben und -tätigkeiten benennen; Wörter mit gleichen Anlauten herausfinden; Sätze bilden, die die Schul-Verben und Schul-Nomen enthalten

malen

schreiben

rechnen

singen

lesen

turnen

sich melden

frühstücken

basteln

laut

leise

einfach

schwierig

rot
gelb
grün
schwarz
blau
weiß
lila
rosa
orange
türkis
braun
grau

den Wortschatz zum Thema „Schule" auf Türkisch anhören
→ **Audio-CD**, Track 4

Augen auf!

ein Wimmelbild beschreiben; Lupenausschnitte im Wimmelbild suchen und benennen/dazu erzählen
→ **BWK** 21–34

Buchstaben identifizieren und Wörter mit passenden Anfangsbuchstaben (Lauten) im Wimmelbild wiederfinden (z. B. **I**ndianer, **N**ase, **N**est, **N**ote, **S**onnenblume, **S**eifenblase, **S**eil, **T**anne, **T**or, **T**opf, **R**ose, **R**utsche, **R**abe, **R**ucksack…)

Buchstaben kennenlernen mit allen Sinnen

Vorlesetext

Buchstaben kannst du nicht nur sehen.
Du kannst sie auch fühlen –
aus Holz oder aus Plüsch.
Du kannst sie mit deinen Füßen ablaufen.
Du kannst sie schreiben, ausschneiden oder kneten.
Wenn jemand sie laut sagt (oder flüstert),
kannst du sie hören.
Buchstaben-Kekse kannst du essen.
Mit allen deinen Sinnen
kannst du Buchstaben kennenlernen!

Buchstaben mit allen Sinnen erfahren, z.B. in den Sand malen, erfühlen, ablaufen, schreiben, kneten, ausschneiden usw.; einen Vorlesetext zum Thema anhören
→ **Audio-CD,** Track 5

Buchstabentausch

Mit dem L am Anfang
wird die Mama zum Lama.

Mit dem i in der Mitte
wird der Mast zum Mist.

Mit dem o am Ende
wird die Lea zum Leo.

Verliert die Sina ihr S,
heißt sie Ina.

Und purzeln bei Ole
O, l und e durcheinander
– ist er Leo.

Mama ↔ Lama

Mast ↔ Mist

Lea ↔ Leo

Sina ↔ Ina

Ole → Leo

einen Text zu Minimalpaaren gemeinsam lesen/vorlesen (lesbare Wörter im oberen Text sind farbig gedruckt); eigene Minimalpaare bilden

Formen – Buchstaben – Wörter

Wortbilder kennenlernen und darüber sprechen

1. Das kannst du auch!

die Kinderbeispiele besprechen und nach dem Prinzip des *Analogen Schreibens* eigene Wortbilder gestalten (angelehnt an die Beispiele auf Seite 22)

Vorlesetexte

So schmeckt die Welt

Überall auf der Welt
haben Kinder Lieblingsgerichte.
Was Kinder
besonders lecker finden,
ist von Land zu Land unterschiedlich.
Süß – sauer – salzig:
vergleicht!

In Algerien essen Kinder gern ein Gericht,
das **Engelshaar** heißt.
Es wird aus einer Art Nudelteig gemacht,
der mit süßem Sirup übergossen wird.

In Südamerika gibt es oft **Tortillas**.
Das sind dünne Fladen
aus Weizenmehl,
die man mit leckeren Dingen
füllen kann: Fleischsoße,
Gemüse, Hähnchen, Käse…

Vorlesetexte anhören; Gerichte aus aller Welt kennenlernen; Geschmacksrichtungen zuordnen; über eigene Lieblingsgerichte sprechen
→ **Audio-CD,** Track 6

In Dänemark ist **Softeis** nicht nur bei Kindern beliebt! Auf das Eis kommen lustige Streusel: aus Zucker, aus Schokolade und sogar aus Lakritz!

In den USA essen die Kinder gerne **Bagels** zum Frühstück. Das sind Kringel aus Hefeteig. Sie schmecken besonders gut mit einer dicken Schicht Frischkäse.

Für das Gericht **Houmus** müssen Kichererbsen in Wasser eingeweicht und gekocht werden. Danach werden sie püriert und mit Öl und Gewürzen gemischt. Das schmeckt Kindern in Israel auf einem Stück Fladenbrot.

Projektanregung: ein Gericht aus einem anderen Land (zusammen mit Eltern) nachkochen; weitere Rezepte aus den Herkunftsländern der Kinder zusammenstellen; über landesspezifische Lebensmittel, ihren Anbau bzw. ihre Herstellung und ihre typische Zubereitung sprechen

Den Sinnen auf der Spur

Wir gehen nach draußen.

Wir brauchen:

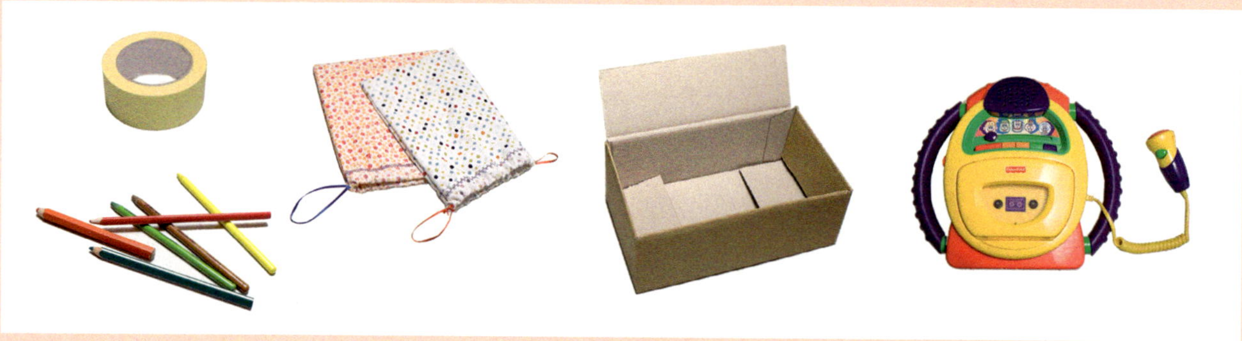

Wir sammeln:

Wir stellen aus:

die Umgebung der Schule nach Material für eine Fühlstraße erkunden; Material gemeinsam auswählen und beurteilen, in kleine Kisten sortieren bzw. in Fühlsäckchen einfüllen; Säckchen und Kisten beschriften oder Symbole für den Inhalt erfinden

Ich schmecke – höre – rieche – fühle …

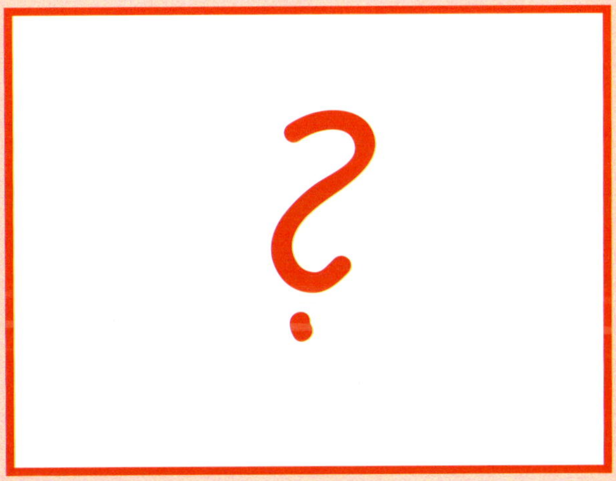

pantomimisch Sinneseindrücke darstellen und erraten: Geschmacksrichtungen *sauer, süß, scharf, bitter*; laute, leise, angenehme, unangenehme Geräusche; angenehme oder unangenehme Gerüche; Empfindungen *kalt, heiß* usw.

Lautgebärden verstehen und üben

Unsere Lehrerin macht das **R** vor.
Wir machen es nach.

Lin macht das **A** vor.
Ole macht es nach.

die Oskar-Lautgebärden üben: in der Klasse, in Partnerarbeit

Ole macht das **I** vor.
Lin zeigt es auf der Schreibtabelle.

1. Wie heißt das Wort?

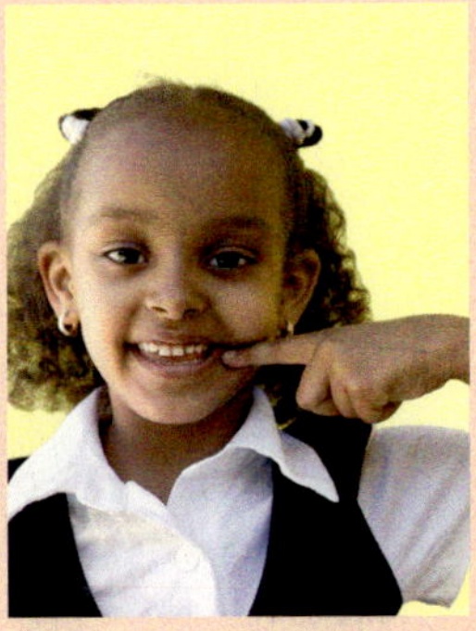

2. Gebärde eigene Wörter!

die Oskar-Lautgebärden üben: Lautgebärden erkennen und in der Schreibtabelle nachweisen; ein Wort in Lautgebärdenfotos erkennen und verschriften; eigene Wörter gebärden

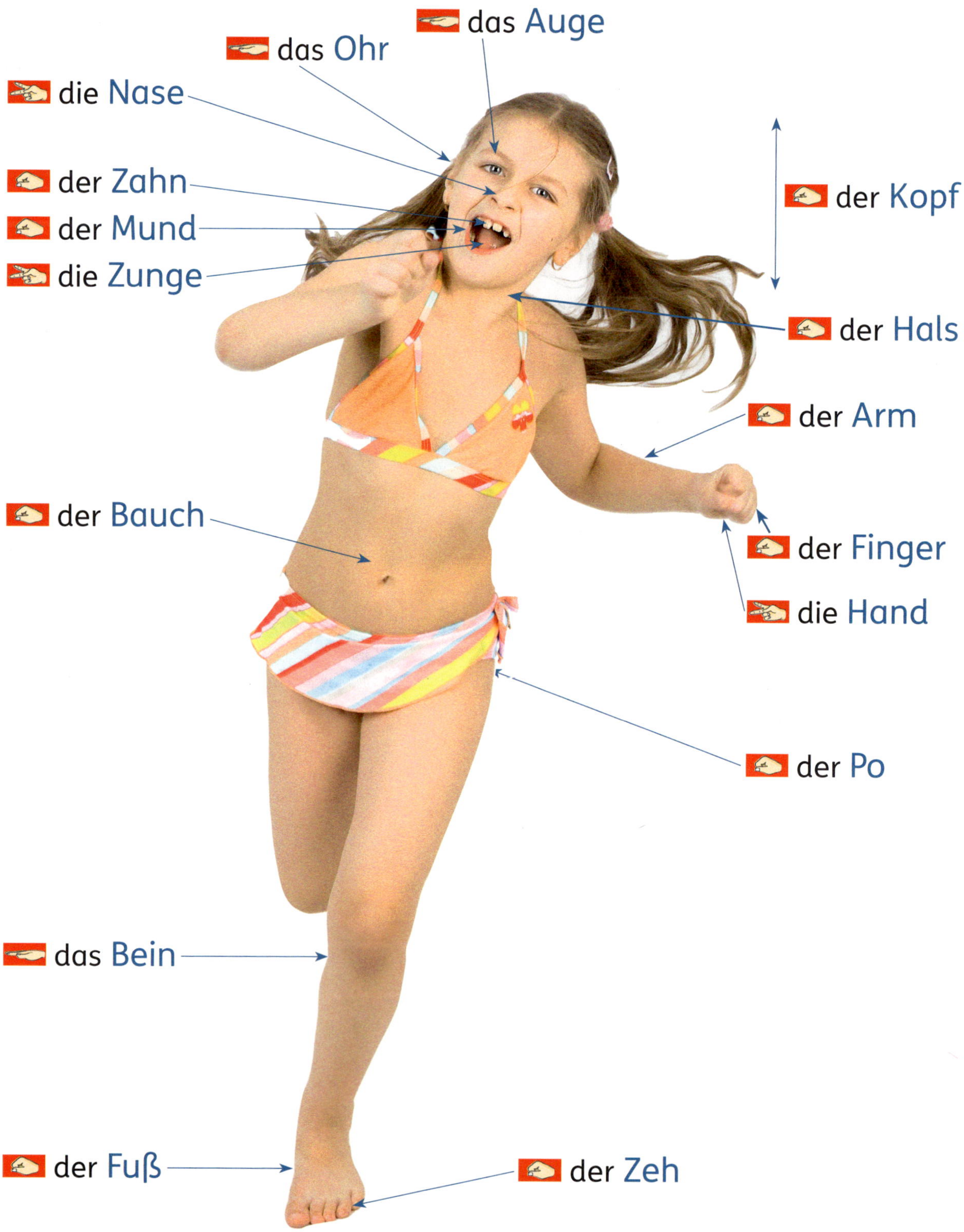

einen Bildwortschatz zum Thema „Körper und Sinne“ besprechen; Tätigkeiten passend zu den Körperteilen benennen; Wörter mit gleichen Anlauten herausfinden; Adjektive passenden Nomen zuordnen (*eine saure Zitrone, ein süßes Gummibärchen…*)

hören

sehen

fühlen

schmecken

riechen

süß

scharf

sauer

bitter

salzig

heiß

kalt

weich

rau

eckig

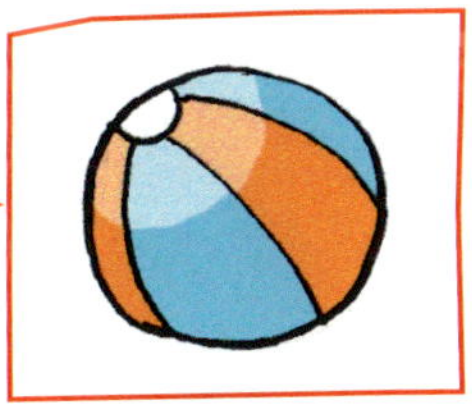
rund

hell

dunkel

durstig

hungrig

nass

trocken

den Wortschatz zum Thema „Körper und Sinne“ auf Englisch anhören
→ **Audio-CD**, Track 7

So sind wir!

ein Wimmelbild beschreiben; Lupenausschnitte im Wimmelbild suchen und benennen/dazu erzählen
→ BWK 41–53

Uu  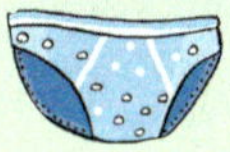

Bb 

Kk 

Ff 

-ch 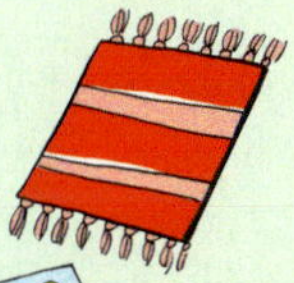 

Buchstaben identifizieren und Wörter mit passenden (Anfangs-)Buchstaben (Lauten) im Wimmelbild wiederfinden (z. B. **U**fo, **U**hr, **U**marmung, **B**är, **B**ü**ch**er, **B**onbon, **B**anane, **B**rezel, **K**u**ch**en, **K**erze, **K**augummi, **K**rokodil, **K**no**ch**en, **F**oto, **F**ernseher, **F**ußball, **F**löte …)

Jeder ist anders – manchmal …

Manchmal

Ole ist manchmal frech.
Suna ist manchmal nett.
Leon ist manchmal blass.
Enes ist manchmal ernst.
Anna ist manchmal fit.
Rani ist manchmal total bunt.

einen Text zu Eigenschaften und Stimmungslagen lesen und eigene Emotionen sowie persönliche Besonderheiten formulieren
→ **Audio-CD,** Track 8

Manchmal

Kevin ist manchmal frech.
Celina ist manchmal schlau.
Laura ist manchmal hungrig.
Sana ist manchmal böse.
Alena ist manchmal schön.
Gizem ist manchmal witzig.
Stefan ist manchmal stark.

So bin ich

Ich bin manchmal nett.
Ich bin manchmal schön.

1. Das kannst du auch!

die Kinderbeispiele besprechen und nach dem Prinzip des *Analogen Schreibens* eigene Sätze oder Texte schreiben und illustrieren (angelehnt an die Textmuster auf Seite 34)

Freunde

Ich sehe dich im Spiegel
und gehe auf dich zu.
Sommersprossen, blonde Haare –
ich bin anders als du!

Ich sehe dich im Spiegel
und gehe auf dich zu.
Wuschelkopf und braune Augen –
ich bin anders als du!

Ganz verschieden
bunt und anders,
ganz einmalig jedes Kind!
Doch das ändert gar nichts daran,
dass wir beste Freunde sind!

Emma Mossel

einen Vorlesetext anhören; über Gemeinsamkeiten, Unterschiede und Freundschaften der Kinder sprechen
→ **Audio-CD,** Track 9

Oskars Familie

So lebt Oskar mit Mama, Oma, Ina, Tom + Koko.

Oma macht Kuchen.

Ina mit Koko.

Mama mit Tom.
Mama ist am Telefon.

Oskar malt Koko.

einen Text zu Oskars Familie lesen

So sind wir!

Mama

ich

Uli

Mika

ein Ich-Blatt erlesen (Vorlieben, Abneigungen, Hobbys); über die eigene Familie sprechen

Lea + ich

Ich lache mit Lea.
Ich esse mit Lea Kuchen.
Ich tobe mit Lea.
Ich umarme Lea.
Ich rufe Lea an.
Ich koche mit Lea
(Leas Mama kocht mit uns).

Lea + ich =

Mit Lea ist alles toll!

Sammeln ist toll!

Ole sammelt:

Enes sammelt:

Rani sammelt:

einen Text über eine Freundschaft lesen, von eigenen Freundschaften berichten; über Interessen und Sammlungen sprechen, **Projektanregung:** Gegenstände mit in den Unterricht bringen und dazu erzählen

Vorlesetexte

Lieben – lachen – sich vertragen: Familien in aller Welt

So leben Kinder
mit ihren Familien
in der ganzen Welt.
Alle haben Freunde.
Alle spielen gern.
Alle streiten und vertragen sich.
Aber die Familien sind verschieden.
Vergleicht!

Manche Familien leben
an besonderen Orten.
Hier siehst du
zum Beispiel zwei
echte Zirkuskinder.
Seit ihrer Geburt
reisen sie
mit dem Zirkus mit.
Ihre Eltern sind
natürlich auch dabei!

Vorlesetexte anhören; Familienbilder aus aller Welt betrachten und vergleichen; über gemeinsame Aktivitäten in der eigenen Familie berichten
→ **Audio-CD,** Track 10

Tristan hat zwei Papas.
Sie heißen Armin und Thomas.
Die drei wohnen
in einem schönen alten Haus in Berlin.
Mit ihnen zusammen
wohnt auch noch ihre Katze Lola.

In China haben viele Familien
nur ein Kind.
Baro findet es langweilig,
ein Einzelkind zu sein.
Sie hätte lieber
noch einen großen Bruder.

Zu Amirs Familie gehören 14 Menschen –
und alle leben zusammen.
Da sind zum Beispiel Amirs
Oma und Opa, seine Eltern,
seine Geschwister Fuad,
Harun und Tatu und
seine Tante Naima mit
ihrem Mann und ihren Kindern.

Projektanregung: Familienfotos mit in den Unterricht bringen und dazu erzählen, Fotos beschriften und ausstellen

Streiten – reden – sich vertragen

Bei einem Streit helfen euch diese Regeln:

1. Berichtet, was passiert ist!
   Sprecht nacheinander!

2. Sammelt gemeinsam
   Vorschläge!

Erst darf Rani eine halbe Stunde das Buch haben, dann Paul.

Einer muss ein anderes Buch nehmen.

Schaut das Buch doch zusammen an!

Rani soll das Buch bekommen, sie ist meine Freundin!

3. Findet für euch
   eine gute Lösung!

ein Schema zur gewaltfreien Konfliktbewältigung einüben: Streitpunkt benennen, dabei beide Parteien anhören – gemeinsam an der Auflösung arbeiten – Lösung akzeptieren und umsetzen

Miteinander spielen

Benötigtes Spielmaterial: Würfel, Spielfiguren, Papier und Bleistift, zwei Fühlsäckchen: Säckchen 1 mit den Bild-Wort-Karten 8, 10, 26, 29, 48, 49, 90, 91, 92, 110, 112, 128, 131, 156, Säckchen 2 mit den Bild-Wort-Karten 1, 2, 3, 21, 22, 23, 61, 63, 65, 67, 85, 86, 87, 89, 101, 107, 108, 109, 121, 125, 127, 142, 148, 165, 166, 167, 168, 171, 173, 177

Spielverlauf: Spieler A würfelt. Kommt er auf ein weißes Feld: Würfel an Mitspieler weitergeben. Grünes Feld: Karte aus Fühlsäckchen 1 oder 2 ziehen. Die Karten aus 1 müssen pantomimisch dargestellt werden, die Karten aus 2 müssen gezeichnet werden. Wird der Begriff von den Mitspielern erraten, zwei Felder vorrücken, sonst stehenbleiben. Sieger ist der Erste im Ziel.

Lebendig erzählen – genau zuhören

1. Erzählrunde

Erzählt gemeinsam eine Geschichte!
Jeder zieht eine Karte und erzählt dazu.
Wenn er nicht mehr weiterreden möchte,
ist der Nächste dran.
Er oder sie zieht dann eine neue Karte.

im Erzählkreis aufmerksam zuhören und gemeinsam eine Geschichte erfinden: Karte ziehen und dazu erzählen, das Wort weitergeben; das nächste Kind zieht eine neue Karte und baut sie in die Geschichte ein

2. Erzählkiste

In einer Erzählkiste
sind viele
spannende Geschichten
versteckt.

3. Experten-Vortrag

Jeder kennt sich
mit etwas
besonders gut aus.
Erzählt davon!
Bringt dazu etwas mit
und zeigt es
den anderen!

mithilfe einer Erzählkiste Anlässe für eine eigene Geschichte gewinnen; den Erzählfaden spinnen und möglichst viele angebotene Gegenstände/Begriffe in die eigene Erzählung einbauen; zum eigenen Lieblingsthema/Spezialgebiet Anschauungsmaterial mit in die Klasse bringen und vorstellen

Mein Sprechwortschatz

die
Mama

der
Papa

der
Sohn

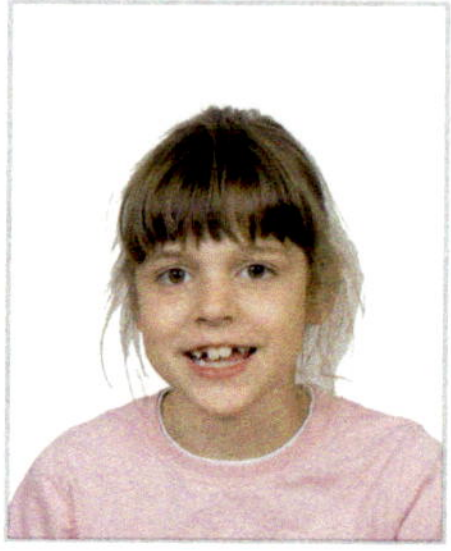

die
Tochter

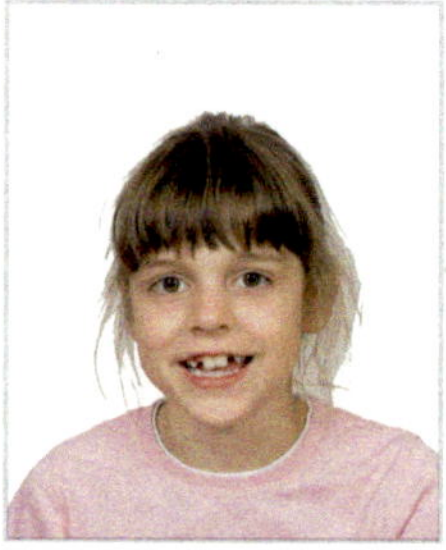

die
Schwester

der
Bruder

das
Baby

die
Familie

die
Oma

der
Opa

der
Onkel

die
Tante

die
Eltern

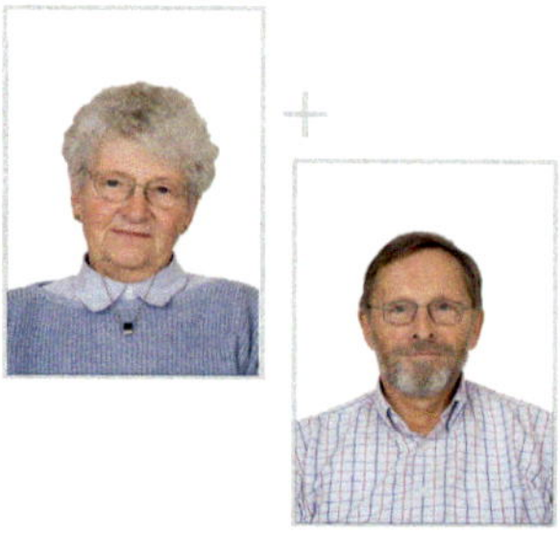

die
Großeltern

der
Freund

die
Freundin

einen Bildwortschatz zum Thema „Familie/Beziehungen/Gefühle“ besprechen; wichtige Bezugspersonen aus dem eigenen Umfeld benennen; über Gefühle sprechen und Situationen benennen, in denen sie auftreten („Ich bin wütend, wenn…“)

umarmen

streiten

sich vertragen

vorlesen

spielen

kochen

backen

feiern

aufräumen

wütend

verliebt

traurig

ängstlich

glücklich

verlegen

überrascht

alt

jung

den Wortschatz zum Thema „Familie/Beziehungen/Gefühle“ auf Italienisch anhören
→ **Audio-CD**, Track 11

Wir kommen in Fahrt!

ein Wimmelbild beschreiben; Lupenausschnitte im Wimmelbild suchen und benennen/dazu erzählen
→ **Audio-CD**, Tracks 12–16
→ **BWK** 64–75

Buchstaben identifizieren und Wörter mit passenden Anfangsbuchstaben (Lauten) im Wimmelbild wiederfinden (z. B. **G**iraffe, **G**itarre, **Au**to, **D**inosaurier, **D**ackel, **D**ose, **Ei**s, **Ei**mer, **Sch**ule, **Sch**ubkarre, **Sch**ultüte, **Sch**nuller, **P**olizistin, **P**inguin ...)

So kommen wir zur Schule

laufen		5	4
Roller		0	1
Auto		3	5
Bus		2	0
		1	3

1. Wie kommt ihr zur Schule?
Macht eine eigene Tabelle!

einen diskontinuierlichen Text (Tabelle) lesen;
Projektanregung: eine eigene Verkehrsmittel-Tabelle erstellen und Schulwege vergleichen

Rate mal!

ein Ratespiel zu Größenverhältnissen erlesen und in der Klasse spielen (z. B. zu Verkehrsmitteln), die Begriffe „größer“ und „kleiner“, ggf. auch „schneller“ und „langsamer“ richtig verwenden

Bunt unterwegs

Rot, rot, rot sind alle meine Autos,
rot, rot, rot ist alles, das ich mag!
Darum mag ich alle roten Autos:

Da sie alle  sind!

Blau, blau, blau sind alle meine Autos,
blau, blau, blau ist alles, das ich mag!
Darum mag ich alle blauen Autos:

Da sie alle  sind!

Bunt, bunt, bunt sind alle meine Autos,
bunt, bunt, bunt ist alles, das ich mag!
Darum mag ich alle bunten Autos:

Da sie alle  sind!

1. Könnt ihr noch weitere Strophen dichten?

ein Lied zu Verkehrsmitteln und ihren Farben lesen/singen, eigene Strophen erfinden
→ **Audio-CD**, Track 17

Vorlesetext

Tiger und Bär im Straßenverkehr

*Der kleine Tiger und der kleine Bär wissen nicht,
wie sie sicher die Straße überqueren können.
Herr Bibernasl hilft den beiden
und zeigt ihnen eine Ampel.*

„Eine Ampel hat drei Lichter: Rot, Gelb und Grün.
Für die Fußgänger gilt die Ampel,
wo der kleine Mann auf dem Licht ist.“
„Ich bin ein Fußgänger“, rief der kleine Tiger.
„Jeder, der zu Fuß geht,
ist ein Fußgänger“,
sagte Herr Bibernasl.
„Und jetzt müsst ihr so lange
auf dem Gehweg weitergehen,
bis ihr zu einer Ampel kommt.
Dort müsst ihr warten,
bis für die Fußgänger Grün ist,
dann könnt ihr gehen.“
Bis zu einer Ampel war es nicht weit.
Sie warteten auf dem Gehweg,
bis das Licht für die Fußgänger grün war,
dann gingen sie über die Straße.

Janosch

1. Worauf müsst ihr im Straßenverkehr noch achten?

einen Vorlesetext anhören; sicheres Verhalten im Straßenverkehr thematisieren; **Projektanregung:** einen Dialog an der Straße spielen, richtiges Verhalten beim Überqueren einer Straße gemeinsam einüben
→ **Audio-CD**, Track 18

Räder, Schienen und Propeller

Auf der  **, auf dem** **, in der** 

 brumm brumm brumm

 rirr rirr rirr

 sch sch sch

 tuuut tuuut tuuut

 flap flap flap

Sausen mit Oma

Mit meinem gi-ga-gelben Fahrrad
hol ich meine Oma ab.
Und dann sausen wir gemeinsam
den Hügel hinterm Haus hinab.

Texte zu Verkehrsmitteln und Verkehrsgeräuschen lesen (zwei Niveaus); über *Lautmalerei* sprechen und eigene lautmalerische Wörter bilden
→ **Audio-CD**, Track 19 und 20

tatütata

hup hup

ring ring

sssssss

Sausen mit Papa

Mit meinem ri-ra-roten Roller

hol ich meinen Papa ab.

Und dann sausen wir gemeinsam

einen großen Berg hinab.

1. Das kannst du auch!

die Kinderbeispiele besprechen und nach dem Prinzip des *Analogen Schreibens* eigene Texte schreiben (angelehnt an die Textmuster auf Seite 54)

Vorlesetexte

Vorwärts – rund um den Erdball!

Überall auf der Welt
wollen Menschen
von hier nach dort kommen –
und wieder zurück.
Sie fahren, fliegen, laufen, reiten ...
Vergleicht!

Der Shinkansen in Japan gehört zu den schnellsten Zügen der Welt. Er fährt bis zu 300 Kilometer in der Stunde.

Langsamer geht es mit dem Eselskarren. Dafür kann man so aber viele hundert Kilo Baumwolle transportieren.

Vorlesetexte anhören; Fortbewegungsmittel in anderen Ländern kennenlernen und vergleichen
→ **Audio-CD**, Track 21

Ein Flugzeug braucht heute von New York nach Frankfurt nur noch sechs Stunden. Dabei fliegt es eine Strecke von 6200 Kilometern.

In Alaska gibt es das berühmteste Hundeschlitten-Rennen der Welt. Über zehn Tage und Nächte ziehen die Hunde bei –30 Grad den Schlitten und ihren Hundeführer.

Zugfahren ist preisgünstig in Indien. Deshalb sind die Züge oft so voll, dass manche Reisende auf dem Dach sitzen oder an den offenen Türen hängen müssen.

Hier siehst du einen schwimmenden Markt in Vietnam. Auf kleinen Booten fahren die Händler Gemüse und Obst zu ihren Kunden.

Projektanregung: eigene und fantastische Fortbewegungsmittel zeichnen und dazu schreiben

Ein Roller-Parcours auf dem Schulhof

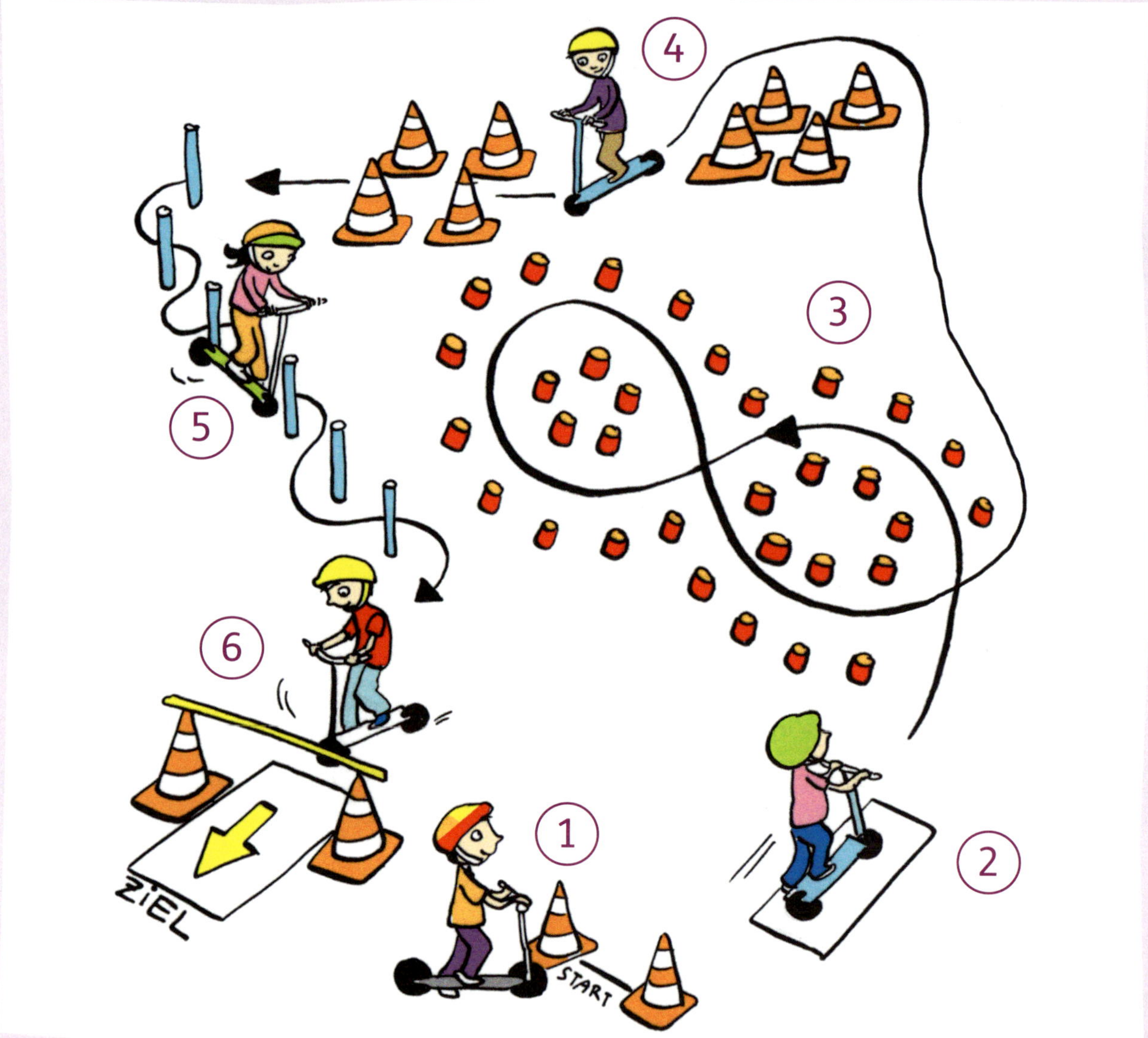

1: geradeaus anfahren
2: eine Spur nachfahren
3: Kurven in Achterform fahren
4: die Fahrspur wechseln
5: Slalom rollern
6: Bremstest

einen Hindernis-Parcours aufbauen und Geschicklichkeit beim Fahren mit dem Roller trainieren

Es hupt, klingelt, quietscht ...

1. Spielt euch gegenseitig die Begriffe vor und macht die richtigen Geräusche dazu!

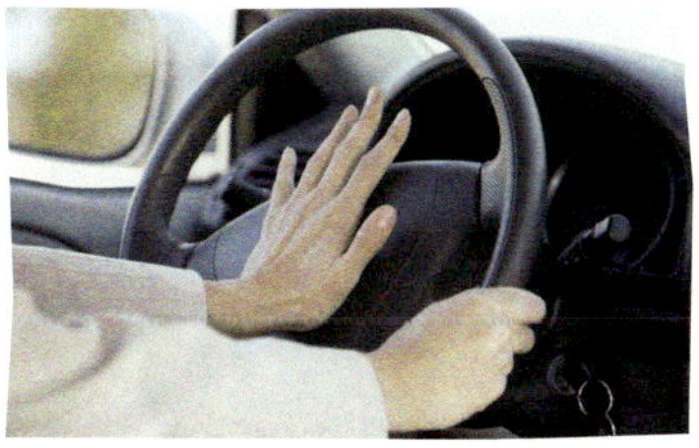

ein Pantomime- und Geräusch-Ratespiel zu Verkehrsgeräuschen spielen;
Projektanregung: eine Geräuschgeschichte mit Verkehrsgeräuschen gestalten
→ **Audio-CD**, Tracks 22–29

Ein Gedicht lernen

Rudi rollt mit seinem Roller
einen Berg herunter.
Rudi rollt dann immer toller
und wird richtig munter.

Erwin Grosche

So kannst du das Gedicht
von Rudi und seinem Roller auswendig lernen:

1. Lies das Gedicht und sprich es dir vor!

2. Denk dir Bewegungen zum Gedicht aus!

Lern-Techniken kennenlernen und einüben: ein Gedicht lesen und laut vorsprechen, Bewegungen zum Gedicht ausdenken

3. Male zu wichtigen Wörtern aus dem Gedicht!

4. Nimm das Gedicht auf und hör es dir mehrmals an!

5. Sprecht das Gedicht gemeinsam: mal leise, mal laut, mal schnell, mal langsam ...

Lern-Techniken kennenlernen und einüben: wichtige Begriffe des Gedichts bildlich darstellen; das gesprochene Gedicht aufzeichnen und wiederholt anhören, das Gedicht gemeinsam und in unterschiedlichen Sprechweisen vortragen, dabei Merkhilfen nutzen

das
Auto

der
Bus

der
Lastwagen

der
Bagger

der
Zug

der
Roller

das
Fahrrad

das
Motorrad

der
Zebrastreifen

das
Stoppschild

die
Straße

die
Ampel

die
Post

die
Bäckerei

der
Frisör

die
Apotheke

einen Bildwortschatz zum Thema „Fahrzeuge, Verkehr und Geschäfte“ besprechen; Sätze mit Fahrzeug-Nomen und Bewegungsverben bilden; Einkaufssituationen spielen und Floskeln einüben („*Ich hätte gerne …*“, „*Was kostet ..?*“)

fahren

fliegen

reiten

Fahrrad fahren

laufen

gehen

schleichen

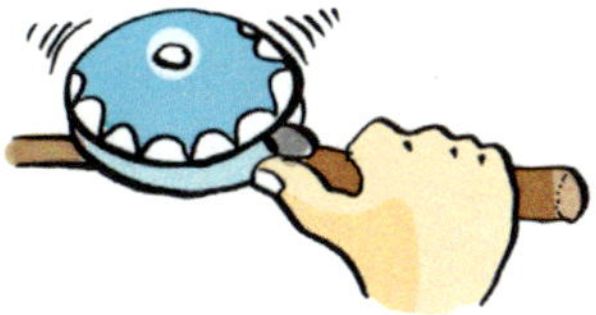
klingeln

hupen

bremsen

einsteigen

aussteigen

schnell

↔

langsam

voll

↔

leer

groß

↔

klein

sauber

↔

schmutzig

den Wortschatz zum Thema „Fahrzeuge, Verkehr und Geschäfte“ auf Niederländisch anhören
→ **Audio-CD**, Track 30

Bitte einsteigen!

ein Wimmelbild beschreiben; Lupenausschnitte im Bild suchen und benennen/dazu erzählen
→ **BWK** 81–89

Buchstaben identifizieren und Wörter mit passenden (Anfangs-)Buchstaben (Lauten) im Wimmelbild wiederfinden (z. B. **Z**ug, **Z**eitung, **Z**ahnbürste, **Z**elt, **Eu**ro, **Eu**le, Flugz**eu**g, F**eu**erwehr, **Stie**r, Blumen**st**rauß, **Sp**agetti, **Spie**gel, **H**ose, **H**emd, ...)

Ein Zaziki-Rezept

Zutaten:

3 Becher	saure Sahne	Salz
2 Becher	Schmand	Pfeffer →
1	Salatgurke	Essig
6 Zehen	Knoblauch	

Zubereitung:

1. Mische die saure Sahne und den Schmand in einer Schale!

2. Presse den Knoblauch mit einer Presse dazu!

3. Zerkleinere die Gurke! Nimm dazu eine Reibe!

4. Gib die geriebene Gurke in die Schale! Gib Salz und Essig dazu!

Mit  machst du das Zaziki scharf.

5. Iss dein Zaziki mit Fladenbrot oder mit Paprika-Streifen!

mithilfe eines Rezeptes Zaziki selbst herstellen; gesunde Ernährung und Gerichte aus unterschiedlichen Kulturkreisen thematisieren

Der Sap-sap Klapp-klapp-Tanz

Volkslied aus der Türkei

einen türkischen Volkstanz kennenlernen und einüben
→ **Audio-CD**, Track 31

Mit einem Koffer um die Welt

1. Wo ist Oskars Koffer schon überall gewesen? Erzählt und malt dazu!

Länder- und Städtenamen erlesen, dazu erzählen und malen

Anders reisen

Floh-Ferien

Ein Mensch, der in die Ferien reist,
tut dies per Bus und Bahn zumeist.
Wenn Flöhe in die Ferien fahren,
dann meistens zwischen Hundehaaren.

Paul Maar

Vorlesetext

Verstehst du Italienisch?

Bello heißt nicht *Hund*,
sondern schön.
Salata mista ist kein *Mistsalat*,
sondern ein *gemischter Salat*.
Cozze ist nicht das,
was du denkst,
sondern *Muscheln*.
Latte heißt nicht *Holzstab*,
sondern *Milch*.
Caldo ist nicht *kalt*,
sondern *heiß*.
Dov'è Mama heißt nicht *doofe Mama*,
sondern: *Wo ist Mama*?

Astrid Hille/Dina Schäfer

einen Text über „verreisende" Flöhe lesen und über die Reisearten anderer Tiere fantasieren; einen Vorlesetext anhören, über Wortähnlichkeiten und Verwechslungsmöglichkeiten in unterschiedlichen (Herkunfts-)Sprachen sprechen und Beispiele finden → **Audio-CD**, Track 32 und 33

Reisefieber

Meine Traumreise

Mit dem schnellsten Flugzeug fliegen,
hin zu Sonne, Meer und Strand,
dort auf einem Handtuch liegen,
mit einem Eis in meiner Hand.

Alle packen

Die Ente packt den Koffer,
sie packt ein Handtuch ein,
denn in ein paar Minuten
wird sie im Urlaub sein.

Der Hund packt seinen Koffer,
er packt den Kompass ein,
denn in ein paar Minuten
wird er im Dschungel sein.

Der Esel packt den Koffer,
er packt den Strohhut ein,
denn in ein paar Minuten
wird er auf Bali sein.

Texte über das Verreisen lesen (zwei Niveaus)
→ **Audio-CD**, Track 34 und 35

Meine Traumreise

Mit dem schönsten Flugzeug fliegen,
hin zu Wolken, Sand und Strand,
dort auf einem Handtuch liegen,
mit einer Muschel in meiner Hand.

Alle packen

Das Pony packt den Koffer,
es packt zwei Möhren ein,
denn in ein paar Minuten
wird es im Urlaub sein.

1. Das kannst du auch!

die Kinderbeispiele besprechen und nach dem Prinzip des *Analogen Schreibens* eigene Texte schreiben (angelehnt an die Textmuster auf Seite 70)

Vorlesetexte

Die Erde hat viele Gesichter

Die Welt sieht überall anders aus.
Es gibt Berge, Wüsten,
Strände und das Meer.
An manchen Orten ist es heiß,
an anderen wahnsinnig kalt.
Überall ist es schön –
auf eine ganz eigene Art.
Vergleicht!

In der Wüste kann es bis zu 70 Grad heiß werden – das halten nur wenige Tiere und Pflanzen aus! Kakteen fühlen sich in der Hitze allerdings pudelwohl. Sie können viel Wasser speichern.

Im Dschungel ist es nicht nur sehr warm, sondern auch sehr feucht. Deshalb heißt der Dschungel auch „Regenwald". Manche Bäume werden hier bis zu 60 Meter hoch.

Vorlesetexte anhören; unterschiedliche Vegetationszonen und ihre Charakteristika ansprechen; überlegen, wo und wie Menschen wohnen können; Naturschutzaspekte thematisieren
→ **Audio-CD**, Track 36

Die Antarktis ist das kälteste Gebiet der Erde.
Hier wird es bis zu -90 Grad kalt!
Die Eisdecke in der Antarktis ist unglaublich dick:
5 Kilometer, das sind 5000 Meter pures Eis!

Der höchste Berg in Deutschland ist die Zugspitze. Sie ist 2962 Meter hoch.
Den höchsten Berg der Welt findest du in Nepal. Er heißt Mount Everest und ist 8848 Meter hoch!

Hier siehst du einen Geysir. Das ist eine heiße Quelle, aus der manchmal Wasser in einer riesigen Fontäne herausspritzt. Geysire gibt es vor allem in Island, in Amerika und in Neuseeland.

Wunderschöne Strände mit Kokospalmen und feinem Sand gibt es auf den Seychellen, einer Inselgruppe im Indischen Ozean.

Projektanregung: Bilder zu unterschiedlichen Gebieten der Erde (z. B. aus Reiseprospekten) sammeln, zusammenstellen und beschriften, Informationen zum Naturschutz sammeln (z. B. auf www.wwf.de; www.nabu.de)

Daher komm ich! Dorthin will ich! Davon träum ich!

Herkunftsländer

Urlaubsländer

Traumländer

mithilfe von Bildern, Fotos oder Mitbringseln Länder als persönliches Urlaubs-, Herkunfts- oder Traumland darstellen

Afrikanisch tragen

In Afrika lernen viele Mädchen schon früh, Gegenstände auf dem Kopf zu tragen. Das erfordert viel Geschick und Balance!

So könnt ihr üben:

1. ein Geschirrtuch eng eindrehen,
2. einen Ring aus dem eingedrehten Geschirrtuch formen und die Enden mit einer Sicherheitsnadel feststecken,
3. den Tragering auf den Kopf legen.

Nun könnt ihr etwas auf den Tragering legen. Für den Anfang reicht ein Buch. Später könnt ihr es auch mit einer kleinen Schüssel probieren, die ihr mit Tischtennisbällen oder sogar mit etwas Wasser füllt.

Wer siegt beim Wettlauf?

Gleichgewicht und Körperspannung bewusst erleben, über Sitten und (Trage-)Gewohnheiten in anderen Ländern sprechen und Vergleiche anstellen

Briefe, Listen und Nachrichten schreiben

Briefe schreiben

In einem Brief berichtest du zum Beispiel deinem besten Freund, was du erlebt hast, was dir gut gefallen hat, was du noch vorhast und wie es dir geht.
Du kannst auch viele Grüße und gute Wünsche verschicken!
Auf den Briefumschlag schreibst du die Adresse des Empfängers.

erste Kriterien für das Schreiben eines Briefes kennenlernen, sich in Form eines Briefes mitteilen lernen

Listen schreiben

In einer Liste kannst du wichtige Dinge notieren, an die du denken musst, die du noch besorgen willst oder die in deinen Reisekoffer sollen.

Das muss in meinen Koffer:
- eine Sonnenbrille
- ein Schmusetier
- eine Badehose
- ein Buch
- drei Stifte
- Briefpapier
- eine Kamera
- ein Handtuch

Nachrichten schreiben

In einer Nachricht kannst du jemandem eine kurze Mitteilung machen, zum Beispiel, dass du etwas später kommst.

Hallo Mama!
Ich bin bei Marek.
Bin um fünf wieder da.
Deine Lisa

Lieber Enes!
Dein Essen steht im Kühlschrank.
Bis gleich, Papa

Listen kennenlernen und anfertigen; kurze Nachrichten als Kommunikationsmittel kennenlernen, eigene kleine Mitteilungen schreiben

Mein Sprechwortschatz

die
Welt

der
Berg

der
See

das
Meer

die
Wüste

der
Dschungel

die
Stadt

der
Turm

die
Burg

die
Brücke

das
Schloss

die
Kirche

die
Moschee

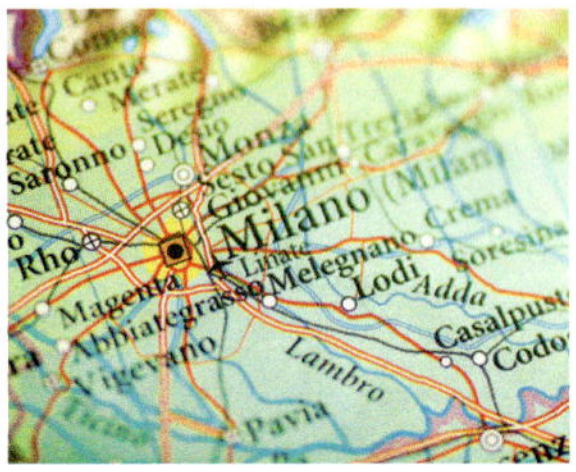

die
Landkarte

der
Flughafen

der
Koffer

einen Bildwortschatz zum Thema „Reisen, Natur und Bauwerke" besprechen; eigene Reisegeschichten erzählen; Reimwörter finden (z. B. zu *Welt, Berg, See, Strand, Tal, Turm, Brücke, Haus*); fantastische Bauwerke zeichnen und beschreiben

Bahn fahren

wandern

klettern

tauchen

faulenzen

packen

zelten

schwimmen

rudern

Ball spielen

fotografieren

eincremen

Eis essen

Karten schreiben

grillen

den Wortschatz zum Thema „Reisen, Natur und Bauwerke“ auf Spanisch anhören
→ **Audio-CD**, Track 37

Natur pur!

ein Wimmelbild beschreiben; Lupenausschnitte im Bild suchen und benennen/dazu erzählen
→ **BWK** 101–116

Öö 

Ää 

Ww 

-tz 

Pf
pf 

-ck 

Buchstaben identifizieren und Wörter mit passenden (Anfangs-)Buchstaben (Lauten) im Wimmelbild wiederfinden (z. B. L**ö**wenzahn, L**ö**ffel, Maigl**ö**ckchen, K**ä**fer, **Ä**pfel, **W**urzel, **W**urm, **W**asser, Spi**tz**er, Ka**tz**e, **Pf**irsich, **Pf**laster, Schne**ck**e, ...)

Der Löwenzahn

Zuerst keimt der Samen.
Dann siehst du die Blätter.
Die Pflanze wächst.

?

Du kannst die Knospe sehen.
Die Knospe öffnet sich.
Der Löwenzahn ist gelb.

?

Der Löwenzahn bildet Samen.
Sie sehen aus wie kleine Schirmchen.

?

1. Lies und zeige das passende Bild!

2. Warum heißt der Löwenzahn auch Pusteblume?

einen Text über den Löwenzahn erlesen und das jeweils passende Foto dazu zeigen (Rahmenfarbe benennen)

Bitte (nicht) füttern!

Informationen zu Tieren aus Steckbriefen, Schildern und Hinweistafeln entnehmen, darüber sprechen und eigene Recherchen anstellen

Tiere mal anders ...

Ich hätt' gern ein Lama aus Lima,
ein Lama aus Lima wär prima!
Ich könnte es streicheln und jucken –
hoffentlich wird es nicht spucken!

Anna Wieland

Ein Pinguin, der plumpst piekfein
mit Frack ins kalte Wasser rein.
Er plumpst, es platscht, es spritzt und zack –
plitschnass sind Pinguin und Frack.

Regina Schwarz

Der Wickelbär nimmt einen Wickel,
umwickelt damit seinen Pickel,
der auf der Bärennase prangt.
Dem Pickelwickel sei gedankt!

Regina Schwarz

lustige Tiergedichte erlesen (zwei Niveaus)
→ **Audio-CD,** Track 38

Malte und Niko

Malte wurde mit einer Behinderung geboren.
Manches kann er
so gut wie du (zum Beispiel lachen),
anderes nicht (zum Beispiel laufen).
Einmal in der Woche
darf Malte reiten gehen.
Auf seinem Pferd Niko lernt er,
das Gleichgewicht zu halten.
Seine Muskeln werden stärker.
Und das Beste ist:
Seit er reitet,
ist Malte noch mutiger
und fröhlicher geworden!

das Thema *Behinderung* besprechen; über Tiere sprechen, die Menschen helfen (Blindenhunde, Delfin- und Reittherapie usw.)

Kleines Froschlied

Grüner Frosch, du hüpfst so weit.
Komm, jetzt hüpfen wir zu zweit!

Grüner Frosch, quak mir was vor!
Und dann quaken wir im Chor:
Quakquak, quakquak, quakquak!

Georg Bydlinski

Da stimmt doch etwas nicht!

Der Maulwurf buddelt ein Loch in den Kuchen,
die Ameise will eine Fernreise buchen.

Der Frosch taucht tief in der Limonade,
die Maus piepst Lieder der Hitparade.

Das Schwein liegt auf dem Sofa herum
und wer das alles glaubt, der ist echt ...

Tiergedichte erlesen (zwei Niveaus), gemeinsam Tiergeräusche sammeln
→ **Audio-CD,** Track 39 und 40

Da stimmt doch etwas nicht!

Der Käfer buddelt ein Loch
in den Kuchen,
die Schlange will eine Fernreise buchen.

Der Fisch taucht tief in der Limonade,
der Löwe piepst Lieder der Hitparade.

Der Elefant liegt auf dem Sofa herum –
und wer das alles glaubt, der ist echt …

1. Das kannst du auch!

das Kinderbeispiel besprechen und nach dem Prinzip des *Analogen Schreibens* eigene Texte entwerfen (angelehnt an die Textmuster auf Seite 86)

Piepsen – zischen – brüllen: Tiere in aller Welt

Überall auf der Welt leben Tiere.
Von Erdteil zu Erdteil gibt es
ganz unterschiedliche Tierarten.
Sie haben sich an das Wetter
und an die Umgebung angepasst.
Manche Tiere sind Nutztiere:
Sie helfen dem Menschen bei der Arbeit,
geben Milch oder legen Eier.
Manche Tiere leben frei in der Wildnis.
Vergleicht!

Ein Wasserbüffel ist sehr stark.
Beim Pflügen im Reisfeld
ist er deshalb eine große Hilfe.

Wellensittiche kommen aus Australien.
Sie leben in großen Scharen zusammen.
Hier flattern sie zusammen
an einer Wasserstelle.

Tierarten aus aller Welt kennenlernen; Anpassung an die natürliche Umgebung/den Lebensraum besprechen; zwischen Nutztieren und Wildtieren unterscheiden
→ **Audio-CD,** Track 41

Löwen leben eigentlich in Afrika.
Manche Löwen werden aber auch
als Zirkustiere gehalten.
Sie machen Kunststücke
für das staunende Publikum.

Viele Menschen mögen keine Schlangen.
Dabei fühlen sie sich ganz angenehm an:
glatt und trocken.

Elche baden gern. So schützen sie sich
im Sommer vor den Insekten.

Eisbären leben in der Arktis,
also rund um den Nordpol.
Haben Eisbären wohl schon
einmal Pinguine gesehen?

Delfine sind besonders schlaue Tiere.
Sie lernen schnell und spielen gerne.
Deshalb werden sie oft eingesetzt,
um kranken Kindern zu helfen.

Projektanregung: Informationen zu bevorzugten Tierarten im Internet (z. B. auf www.blinde-kuh.de) recherchieren und sammeln; über eigene Haustiere und ihre Haltungsbedingungen sprechen

Heute ist Experimentier-Tag!

1. Untersucht gemeinsam Pflanzen!
Schreibt und malt,
was ihr herausgefunden habt!

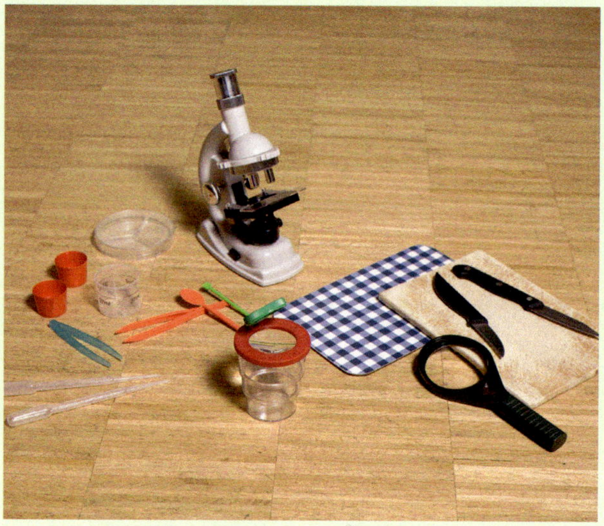

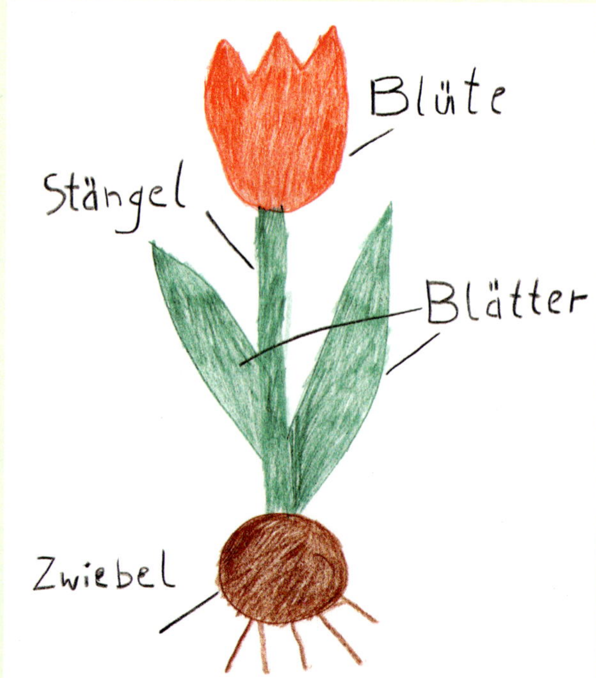

Pflanzen mit der Lupe oder dem Mikroskop untersuchen; Pflanzenformen nachkneten oder abzeichnen; Pflanzenbilder beschriften

Zwiebel – Stängel – Blüte: Ich bin eine Tulpe!

2. Hört genau zu und spielt, wie die Tulpe wächst!

Ich bin die Tulpenzwiebel.
Tief unten in der dunklen Erde
warte ich auf die Frühlingssonne.

Ich bin die sprießende Pflanze.
Eine zarte grüne Spitze habe ich schon
durch die Erde gebohrt –
dem Licht entgegen.

Ich bin die wachsende Pflanze.
Ich strecke mich und recke mich
im warmen Sonnenlicht.

Ich bin die schöne blühende Tulpe.
Ich wiege mich sanft im Frühlingswind.

zu den Wachstumsstadien der Tulpe Bewegungen erarbeiten (passend zum vorgelesenen Text und zur Musik)
→ **Audio-CD,** Track 42

Abschreiben lernen

Ich lese.

Ich spreche und schwinge.

Ich merke mir
die Oskar-Stellen.

Ich decke ab.

Ich schreibe.

Ich vergleiche.

die Technik *Abschreiben in sechs Schritten* kennenlernen

1. Lies und schreibe die Wörter richtig ab!

Katze

Wurzel

Lupe

Löwenzahn

Apfel

Pferd

Krokodil

Käfer

Beispielwörter zum Kapitelthema mithilfe der neu erlernten Abschreibtechnik abschreiben

Mein Sprechwortschatz

die
Birke

die
Kastanie

die
Tanne

die
Hecke

der
Strauch

das
Gras

die
Tulpe

die
Rose

der
Hund

die
Katze

das
Kaninchen

der
Esel

die
Kuh

das
Schwein

das
Pferd

das
Huhn

einen Bildwortschatz zum Thema „Pflanzen und Tiere/Natur" besprechen; den Tieren typische Geräusche zuordnen („Ein Pferd wiehert."); mit den Verben Sätze bilden („Ich bürste meinen Hund."); Merkmale eines „Teekesselchens" besprechen und weitere Teekesselchen suchen

füttern

beobachten

ausmisten

tränken

bürsten

streicheln

die Fliege

der Hahn

das Pony
der Pony

die Maus

der Strauß

der Boxer

den Wortschatz zum Thema „Pflanzen und Tiere/Natur“ auf Griechisch anhören
→ **Audio-CD**, Track 43

Das mach ich selbst!

ein Wimmelbild beschreiben; Lupenausschnitte im Bild suchen und benennen/dazu erzählen
→ **BWK** 123–131

Buchstaben identifizieren und Wörter mit passenden (Anfangs-)Buchstaben (Lauten) im Wimmelbild wiederfinden (z. B. M**ü**ll, M**ü**lltonne, Schl**ü**ssel, G**ü**rtel, Spie**ß**, Flo**ß**, **J**ogurt, **J**o**j**o, **j**o**ng**lieren, Za**ng**e, **V**ampir, **v**ier, …)

Eine Bastelanleitung für Jonglierbälle

Sand

Luftballons

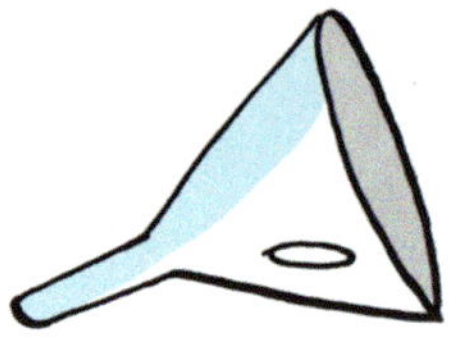

Trichter

1. Stecke den Trichter in den Luftballon!

2. Befülle den Luftballon mit Sand!

3. Verknote den Luftballon! Vielleicht musst du dir von deiner Lehrerin helfen lassen.

4. Nun kannst du jonglieren üben!

eine Bastelanleitung für Jonglierbälle lesen und umsetzen (Jonglierübung auf Seite 107)

Der TÜV-Check für Müll-Fahrzeuge

	ja	nein
1) Ist dein Fahrzeug stabil?	X	
2) Rollt dein Fahrzeug?	X	
3) Kann sich die Achse drehen?	X	
4) Drehen sich die Räder auf der Achse?		X
5) Fährt das Fahrzeug geradeaus?	X	

6) Das ist an meinem Fahrzeug besonders:

Es ist besonders schnell.

Ich habe es zusammen mit Ole gebaut.

Der TÜV (**T**echnischer **Ü**berwachungs**v**erein) überprüft Autos auf ihre Sicherheit und verteilt TÜV-Plaketten.

1. Male deine eigene TÜV-Plakette!

Wer spielt was?

Manchmal spiele ich mit meinem
großen Barbiepuppenhaus,
schmuse abends auf dem Sofa
mit meiner weichen Kuschelmaus.
Und dann sagen mir die andern:
Junge, bist du noch ganz dicht?
Überlass das mal den Mädchen,
damit spielt ein Junge nicht!

Manchmal fahr ich Autorennen
und lass Mondraketen starten;
mit dem roten Plastikbagger
grab ich Löcher in den Garten.
Und dann sagen mir die andern:
Mädchen, du bist nicht ganz dicht?
Überlass das mal den Jungen,
damit spielt ein Mädchen nicht!

nach Klaus W. Hoffmann

ein Gedicht über Geschlechterrollen und -klischees lesen und die Frage nach jungen- oder mädchenspezifischem Spielzeug diskutieren

Die Klopapierrolle

Die Klopapierrolle
rollt sich ab,
bis aufs letzte Blatt
herab.

Dann grüßt nur
die tolle,
wundervolle Bastelrolle.

Erwin Grosche

Sieben nackte Hampelmänner

Sieben nackte Hampelmänner
saßen einst beim Schneider,
warteten auf Kleider.
Leider, sagt der Schneider, leider
mach ich keine Hampelkleider,
ich bin Menschenkleiderschneider,
seht nur her,
bitte sehr!

Da gingen die sieben zu Tante Ludmilla,
die malte sie an, blau, rot, gelb und lila.

Doris Mühringer

Das weiß ich doch!

Dass der Zeiger zeigen kann,
weiß doch wirklich jedermann!
Doch wenn ich behaupte, mein Hund ist geflogen,
dann weißt du genau: Das ist gelogen!

Wie wo wann warum

Warum ist
das Feuer heiß?
Warum ist
der Schneemann weiß?
Wer hat den Himmel blau gemacht?
Wer hat
die Oma fortgebracht?
Wann bin ich
auch so groß wie du?
Wann kommt
die Milch raus aus der Kuh?
Wo ist
das Ende von der Welt?
Wo wird
der Regen abgestellt?
Wie kommt
das Ferkel aus dem Schwein?
Und wie denn
kam es vorher rein?

Jürgen Spohn

Texte zum Thema „Fragen und Wissen“ lesen (zwei Niveaus); typische „Kinderfragen“ sammeln und erläutern, Begriffe *Wahrheit* und *Lüge* thematisieren, über Wissen und Möglichkeiten des Wissenserwerbs sprechen → **Audio-CD,** Track 45 und 46

Wie wo wann warum

Warum ist das Meer so blau ?
Warum ist auf der Straße Stau ?

Wer hat den Pudding süß gemacht ?
Wer hat da so laut gelacht ?

Wann bin ich endlich 10 ?
Wann kommt der erste Ferientag ?

Wo ist die kleinste Stadt der Welt ?
Wo wird der Winter abgestellt ?

Wie kommt die Maus in ihr Haus ?
Und wie denn kommt sie wieder raus ?

1. Das kannst du auch!

das Kinderbeispiel besprechen und nach dem Prinzip des *Analogen Schreibens* eigene Texte entwerfen (angelehnt an die Textmuster auf Seite 102)

„Das hab ich selbst gemacht!" – Spielzeug aus aller Welt

Überall auf der Welt
spielen Kinder gern mit Spielsachen.
Aber nicht jedes Kind
kann in einen Spielzeug-Laden gehen
und dort etwas kaufen.
Deshalb basteln viele Kinder
ihre Spielsachen selbst.
Sie nehmen dazu Dinge,
die andere weggeworfen haben.
Und machen tolle Sachen daraus:
Autos, Schiffe, Motorräder, ...
Schaut selbst!

Dieser kleine Lastwagen
war mal eine Konservendose.
Seine Räder bestehen aus
durchbohrten Stein-Plättchen.

selbst gebasteltes Kinderspielzeug aus aller Welt betrachten und kommentieren; Vergleiche zu eigenem Spielzeug anstellen; über Hintergründe von „Müllspielzeug" diskutieren; Kreativität und Erfindungsreichtum wertschätzen → **Audio-CD,** Track 47

Stolz zeigen dir hier die Kinder,
was sie alles
aus Müll gebastelt haben.

Hier ist ein ganzer Fuhrpark
entstanden.
Mit Farbe und Pinsel
haben die Kinder
ihre Fahrzeuge bemalt und
beschriftet, damit sie
möglichst echt aussehen.

Erkennst du, woraus
dieses Motorrad besteht?

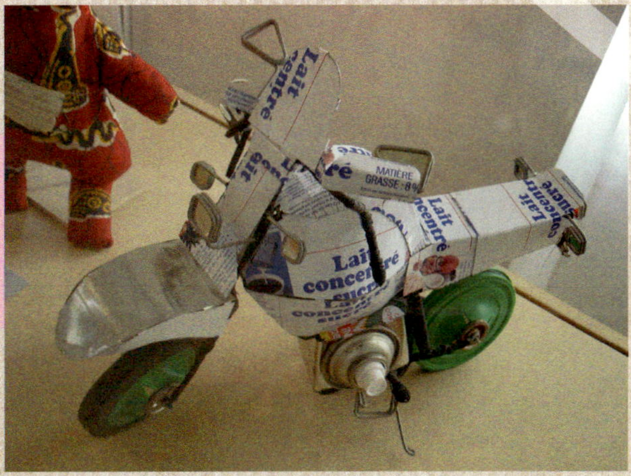

Projektanregung: eigenes Müllspielzeug herstellen und ausstellen (siehe auch S. 106); ggf. Baupläne dazu zeichnen und Materiallisten schreiben; eine Ausstellung mit eigenem Lieblingsspielzeug in der Klasse veranstalten

Fahrzeuge aus Müll bauen

1. Aus Müll kannst du tolle Fahrzeuge bauen!

Sammle:

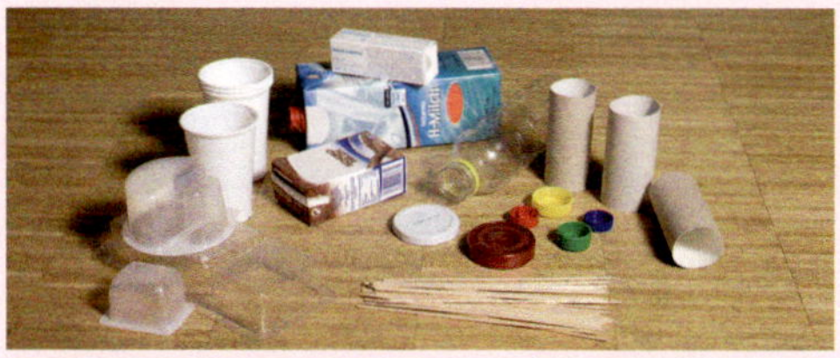

Außerdem brauchst du:

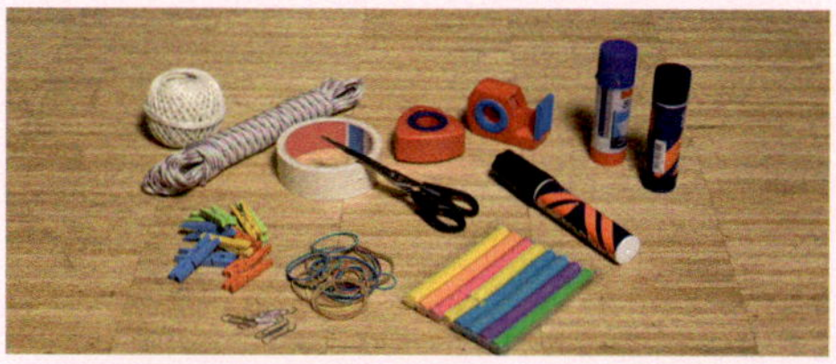

2. Mach eine Zeichnung – wie soll dein Müllfahrzeug aussehen?

benötigtes Material für selbst gebaute Müllfahrzeuge besprechen und sammeln; eine Idee oder einen Plan für die eigene Konstruktion entwerfen; gemeinsam ein Auto aus Müll bauen; ein Klassen-Autorennen der Müllfahrzeuge veranstalten

Jonglieren lernen

Um jonglieren zu lernen, brauchst du ein bisschen Geduld und viel Übung.

1.

2.

3.

4.

das Jonglieren üben (zunächst nur mit 2 Bällen), dabei auf die korrekte Wurfrichtung achten (über Kreuz)

Wörterlisten erstellen

In Wörterlisten kannst du Wörter sammeln.
Sie helfen dir beim richtigen Schreiben.
Hier siehst du einige Beispiele:

Wörter mit Sp/sp:

spielen

der **Sp**atz

Wörter mit -er am Ende:

die Mutt**er**

das Fenst**er**

Wörter mit -ß:

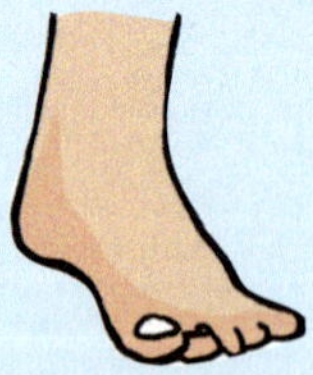

der Fu**ß**

wei**ß**

Wörter mit St/st:

der **St**ern

stark

Wörterlisten zu rechtschreibwichtigen Wörtern/Lauten kennenlernen

Wörter mit -ng:

singen

der Ring

In dieser Wörterliste sortierst du deine Wörter nach *der*, *die*, *das*:

der	die	das
Spatz	*Mutter*	*Fenster*

1. Sortiere die Wörter in die Listen ein!
Findest du noch eigene Wörter?

Wasser jung Heizung Fußball Stift Leiter Angel
Spaß Stoff Stempel besser stinken Spiegel
spät Messer Gießkanne Spagetti Bruder
Zange
Fenster Stein Pudding heiß Spitzer Flamingo

Wie man Wörter richtig schreibt,
kannst du in einem Wörterbuch nachschlagen.

vorgegebene Wörter nach Lautphänomenen geordnet in die Wörterlisten einsortieren;
Wörterbücher als Nachschlagewerke kennenlernen

Mein Sprechwortschatz

der
Hammer

der
Nagel

die
Schere

die
Zange

der
Bohrer

der
Schraubendreher

die
Schraube

die
Lupe

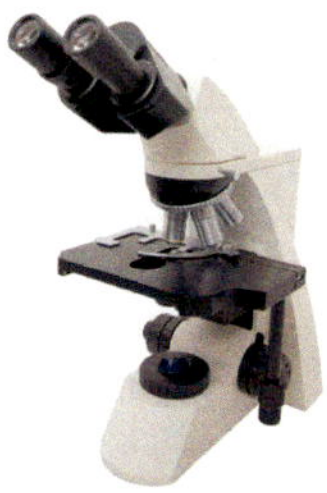

das
Mikroskop

die
Schaufel

der
Eimer

die
Säge

der
Klebstoff

der
Pinsel

die
Waage

das
Maßband

einen Bildwortschatz zum Thema „Technik, Werkzeuge und Werken“ besprechen; den Nomen passende Tätigkeiten zuordnen und Sätze bilden; Gegensatz-Adjektive besprechen und Beispiele finden

schrauben

sägen

bohren

wiegen

messen

abzeichnen

ausschneiden

falten

aufkleben

neu

alt

leicht

schwer

gerade

schief

kaputt

ganz

den Wortschatz zum Thema „Technik, Werkzeuge und Werken“ auf Russisch anhören
→ **Audio-CD**, Track 48

www.oskarklasse.de

ein Wimmelbild beschreiben; Lupenausschnitte im Bild suchen und benennen/dazu erzählen
→ **BWK** 151–153, 155–158

Cc 

Yy 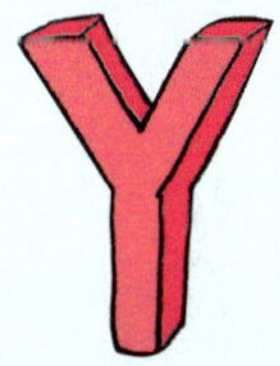

Xx 

Qu qu 

äu 

-nk 

Buchstaben identifizieren und Wörter mit passenden (Anfangs-)Buchstaben (Lauten) im Wimmelbild wiederfinden (z. B. **C**omputer, **C**ola, Hand**y**, Le**x**ikon, He**x**e, A**qu**arium, M**äu**se, wi**nk**en, ...)

So ist dein Oskar-Basisheft entstanden

Das Oskar-Basisheft wurde
von fünf Lehrerinnen geschrieben.
Sie waren die **Autorinnen**.

Am Computer hat der **Setzer**
aus den Texten der Autorinnen
das Heft zusammengestellt.

Die Bilder im Oskar-Basisheft wurden
von **Illustratorinnen** gezeichnet.
Eine von ihnen hat auch Oskar geknetet.

Vor dem Druck mussten noch
alle Fehler korrigiert werden.
Das hat die **Redakteurin** gemacht.

Jetzt konnte
dein Basisheft
gedruckt werden.

einen Text über den Herstellprozess eines (Schul-)Buches lesen, Fachbegriffe kennenlernen

Vom Löwen, der nicht schreiben konnte

Der Löwe kann nicht schreiben.
Das war für ihn lange kein Problem, aber …

Eines Tages traf er eine Löwin.
Die Löwin las in einem Buch
und war sehr schön.
Der Löwe ging los und wollte sie küssen.
Aber dann blieb er stehen und dachte nach.
Eine Löwin, die liest, ist eine Dame.
Und einer Dame schreibt man Briefe.
Bevor man sie küsst.
Das hatte er von einem Missionar* gelernt,
den er gefressen hatte.
Aber der Löwe konnte nicht schreiben.

1. Wie könnte die Geschichte vom Löwen weitergehen? Male und schreibe! Du kannst auch im Buch von Martin Baltscheit nachlesen!

* Das Wort *Missionar* bedeutet „Gesandter“. Ein Missionar bereist fremde Länder, um dort von seinem Glauben und seiner Kirche zu erzählen und neue Mitglieder für seine Religion zu finden.

ein Kinderbuch kennenlernen; über Sinn und Nutzen von Lesen und Schreiben als Kommunikationsmittel sprechen
→ **Audio-CD,** Track 49

Filmplakate

Titel des Films

Das magische Baumhaus

Regisseur des Films

der neue Film von: **Oskar Knete**

nach einem Buch von:
Mary Pope Osborne

Schauspieler des Films

Hauptdarsteller:
Anne wird gespielt von **Karoline Keller**.
Philipp wird gespielt von **Tom Tulpe**.

Das passiert im Film:

Philipp und Anne sind ganz gewöhnliche Kinder.
Eines Tages entdecken sie im Wald ein Baumhaus.
Als sie neugierig hinaufklettern,
beginnt das Baumhaus plötzlich, sich zu drehen.
Als es schließlich stoppt,
finden sich Anne und Philipp
im Land der Dinosaurier wieder ...

ein Filmplakat besprechen, Fachbegriffe thematisieren; über eigene Lieblingsfilme sprechen

Der kleine Wassermann

der neue Film von:

Lea Schmidt

nach einem Buch von:

Otfried Preußler

Hauptdarsteller:

Enes und Juri

Das passiert im Film:

Der kleine Wassermann lebt im Mühlenweiher. Sein Freund ist ein Fisch. Sie erleben Abenteuer.

1. Das kannst du auch!

das Kinderbeispiel besprechen und nach dem Prinzip des *Analogen Schreibens* ein eigenes Filmplakat entwerfen (angelehnt an das Muster auf Seite 116)

Du hast Post!

E-Mails als schnelles und weltweites Kommunikationsmittel kennenlernen

1.

Habt ihr schon mal
eine E-Mail geschrieben?
Wer kann euch zeigen, wie das geht?
Wem wollt ihr schreiben?

über die Technik des E-Mail-Schreibens sprechen; eine eigene E-Mail verfassen und abschicken

Leselust in aller Welt

Überall in der Welt
lesen Kinder gerne Kinderbücher.
Viele Bücher,
die ihr kennt und mögt,
gibt es auch in anderen Sprachen!
Schaut die Buchcover an!
Vergleicht!

Diese Geschichte von Charlie,
Lola und dem Wackelzahn
lesen nicht nur deutsche Kinder gern.
Das Buch gibt es auch
in den Niederlanden.
Dort heißt „Wackelzahn“
übrigens „wiebeltand“.

Kinderbücher in unterschiedlichen Sprachen kennenlernen; Sprachvergleiche anstellen
→ **Audio-CD**, Track 50

Hexe Lillis Geschichte kannst du auf Deutsch und Englisch lesen. Nur die Bilder auf dem Cover (dem Buchdeckel) sind unterschiedlich – schau mal genau hin!

Helme Heines drei Freunde Franz von Hahn, Johnny Mauser und der dicke Waldemar sind in Deutschland und in Frankreich beliebt.

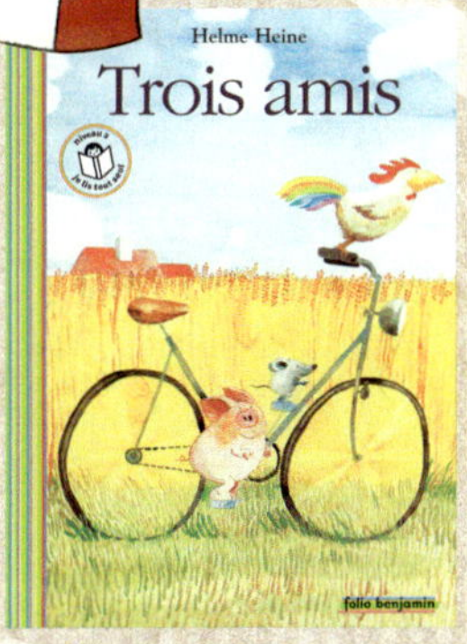

Lars, der kleine Eisbär, ist auf einer Eisscholle ins offene Meer getrieben worden. Er landet schließlich auf einer fremden Insel. Seine Geschichte gibt es in deutscher und türkischer Sprache.

Projektanregung: die Schulbibliothek oder eine öffentliche Bibliothek besuchen, deutsche und fremdsprachige Bücher ausleihen und vergleichen; Eltern mit unterschiedlichen Herkunftssprachen zum Vorlesen in die Schule einladen

Helden, Stars und andere Lieblinge

1. Was wisst ihr
über eure liebsten Stars und Helden?
Sammelt Material
und berichtet in der Klasse darüber!
Ihr könnt auch gemeinsam
ein „Heldenbuch“ basteln!

zu Lieblingsmedienhelden/Buchhelden Material sammeln, Steckbriefe mit Merkmalen und Informationen anfertigen und als Klassen-Buch zusammenstellen; Lieblingsbücher und ihre Hauptfiguren vorstellen

Das will ich wissen!

Das will ich wissen!
- Wer ist deine Heldin?
- Warum magst du sie?
- Wie sieht sie aus? Was sind ihre besonderen Kennzeichen?
- Was würdest du mit ihr unternehmen, wenn du sie treffen könntest?

Das will ich wissen!
- Wer ist dein liebster Star?
- Warum magst du ihn?
- Wie sieht er aus? Was sind seine besonderen Kennzeichen?
- Was kann er besonders gut? Was ist das Beste an ihm?

ein Interview zum Thema „Medienhelden"/„Buchhelden" führen, dazu Fragen vorbereiten, Antworten erfassen und vergleichen

Am Computer schreiben

So schreibst du am Computer ein Wort
mit großem Anfangsbuchstaben:

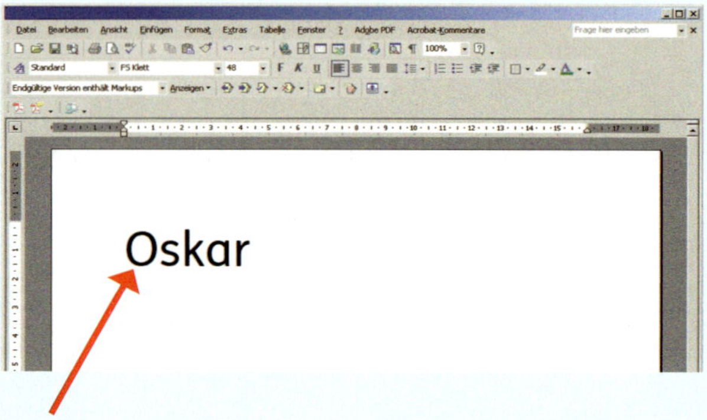

So machst du eine Lücke (Leerschritt) zwischen den Wörtern:

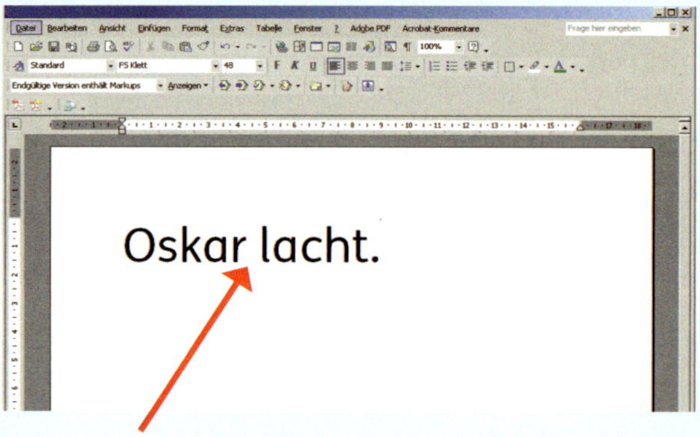

So beginnst du eine neue Zeile:

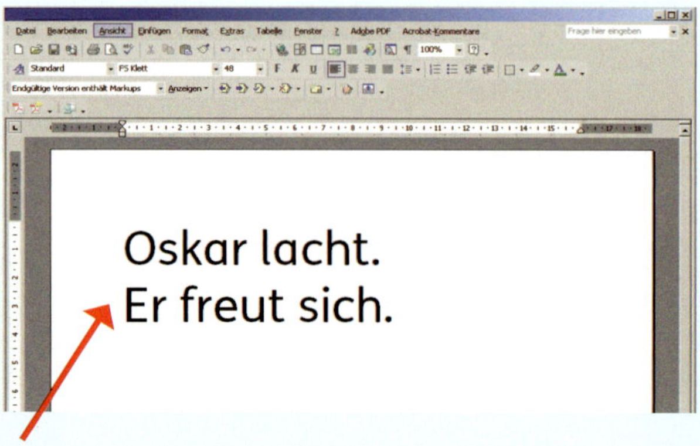

Schreiben lernen am Computer: *Großschreibung, Leerschritt, neuer Absatz*

So markierst du etwas:

- Cursor auf den Anfang des Wortes führen,
- linke Maustaste drücken (nicht mehr loslassen!),
- Cursor dorthin ziehen, wo deine Markierung enden soll,
- Maustaste wieder loslassen.

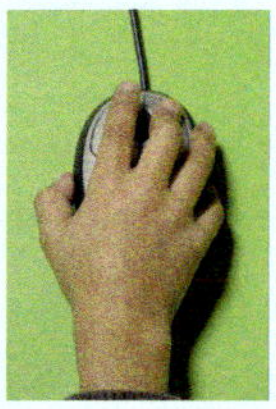

Markierte Wörter kannst du verändern.
Du kannst sie unterstreichen:

Oskar lacht.
Er freut sich.

Du kannst sie *schräg* („kursiv") schreiben:

Oskar lacht.
Er freut sich.

Du kannst sie **fett** schreiben:

Oskar lacht.
Er freut sich.

1. Schreibe den Text mit dem Computer ab und verändere ihn!

Computer

Den Computer brauchen wir heute für viele Dinge.
Man kann damit schreiben, rechnen, spielen und sogar malen.
Im Internet kann man viele Informationen finden.

Schreiben lernen am Computer: *markieren*, *fett* oder *kursiv schreiben*, *unterstreichen*; einen Text mit dem Computer schreiben und verändern

der
Computer

der
Drucker

der
Brief

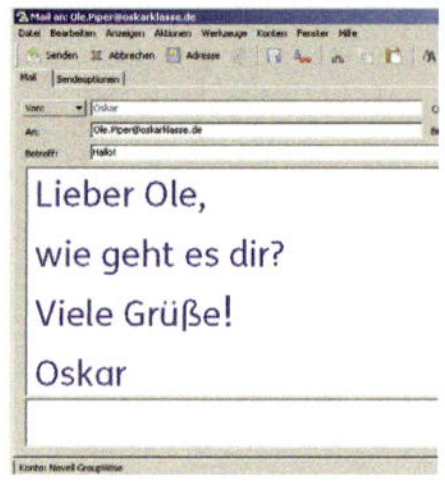

die
E-Mail

die
SMS

das
Kinderbuch

der
Comic

das
Lexikon

das
Handy

der
MP3-Player

der
Bildschirm

die
Tastatur

die
Maus

der
Fernseher

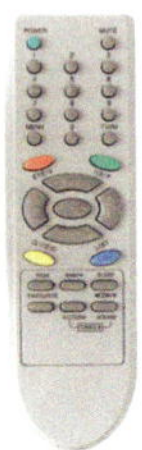

die
Fernbedienung

das
Radio

einen Bildwortschatz zum Thema „Medien“ besprechen; Medien im Klassenzimmer mit post-it-Zetteln beschriften; über englische Begriffe im Medienwortschatz sprechen und diese ggf. nachschlagen; Merkmale von Briefen, SMS und E-Mails erörtern; einen Brief oder eine E-Mail verfassen

einschalten

ausschalten

tippen

anklicken

mailen

ausdrucken

So kann eine Figur in einem Film oder in einem Buch sein:

stark

schlau

böse

mutig

cool

schön

hässlich

witzig

den Wortschatz zum Thema „Medien“ auf Mandarin anhören
→ **Audio-CD**, Track 51

Alle Jahre wieder – Herbst

ein Wimmelbild beschreiben; Lupenausschnitte im Wimmelbild suchen und benennen/dazu erzählen
→ **BWK** 165–179
→ **Audio-CD,** Track 52

das Wortfeld „Kleidung“ erarbeiten (die Weste, die Strümpfe, die Jacke, die Schuhe, die Hose, der Pullover, die Mütze, der Schal, der Mantel, die Regenhose, die Gummistiefel, der Rock)

Alle Jahre wieder – Winter

ein Wimmelbild beschreiben; Lupenausschnitte im Wimmelbild suchen und benennen/dazu erzählen
→ **Audio-CD,** Track 53

das Wortfeld „Wetter“ erarbeiten (der Blitz, der Wind, der Regenbogen, der Sturm, die Sonne, die Wolke, der Regen, der Schnee, das Eis, der Nebel)

Alle Jahre wieder – Frühling

ein Wimmelbild beschreiben; Lupenausschnitte im Wimmelbild suchen und benennen/dazu erzählen
→ Audio-CD, Track 54

Verben und (Farb-)Adjektive zum Frühling erarbeiten (hüpfen, gießen, pflanzen, putzen, anstreichen, reparieren; blau, rot, grün, gelb, rosa, braun)

Alle Jahre wieder – Sommer

ein Wimmelbild beschreiben; Lupenausschnitte im Wimmelbild suchen und benennen/dazu erzählen
→ **Audio-CD,** Track 55

das Wortfeld „Lebensmittel“ erarbeiten (das Eis, die Kirsche, der Saft, die Gurke, die Zwiebel, die Tomate, die Melone, das Fladenbrot, das Fleisch/der Fleischspieß, der Salat)

Herbstlich reimen

Billibammibätter
im Herbst fallen die Blätter.

Billibammibüsse
im Herbst knacke ich Nüsse.

Billibammibind
im Herbst weht laut
der Wind.
Enes

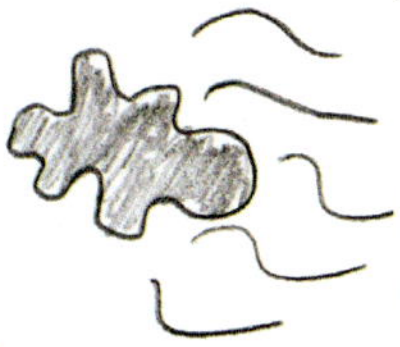

Billibammibütze
im Herbst wärmt mich
meine Mütze.
Kira

Billibammibaterne
im Herbst bastle ich
eine Laterne.
Suna

1. Das kannst du auch!

nach dem Prinzip des *Analogen Schreibens* einen herbstlichen Reim schreiben/mündlich ergänzen, dabei auch die vorgegebenen Bildanregungen nutzen
→ **Audio-CD**, Track 56

Winterlich dichten

Der Winter ist ein kalter Mann
und viele Leute frieren.
Der Bär hat warme Strümpfe an.
Da kann man gratulieren.

Janosch

Der Winter ist ein kalter Mann
und viele Leute frieren.
Der Elch hat einen Pulli an.
Da kann man gratulieren.

Roman

Der Winter ist ein kalter Mann
und viele Leute frieren.
Die Maus hat Winterstiefel an.
Da kann man gratulieren.

Maja

1. Das kannst du auch!

nach dem Prinzip des *Analogen Schreibens* ein lustiges Gedicht zu Tieren im Winter schreiben/mündlich ergänzen, dabei auch die vorgegebenen Bildanregungen nutzen
→ **Audio-CD,** Track 57

Frühlingshaft texten

So ist der Frühling:
rot wie eine Tulpe,
grün wie die Wiese
und nass wie der Regen im April.

So ist der Frühling:
gelb wie eine Narzisse,
hellblau wie der Himmel
und warm wie die Sonne im Mai.
Ole

So ist der Frühling:
süß wie ein Eis,
bunt wie die Blumen
und rosa wie meine Sandalen.
Leni

1. Das kannst du auch!

warm feucht

kalt nass

sonnig

rot

lila braun grün

weiß rosa

bunt gelb

süß fröhlich lustig schön

nach dem Prinzip des *Analogen Schreibens* einen Text zum Frühling schreiben/mündlich ergänzen, dabei auch die vorgegebenen Bild- und Wortanregungen nutzen
→ **Audio-CD,** Track 58

Sommerlich schreiben

Schwimmbad

Wenn die Tiere schwimmen geh'n
kann man tolle Sachen seh'n.
Seht einmal, die Tauben
tragen Badehauben.

Volker Rosin

Wenn die Tiere schwimmen geh'n
kann man tolle Sachen seh'n.
Seht einmal, der Specht
schwimmt leider ziemlich schlecht.

Marek

Wenn die Tiere schwimmen geh'n
kann man tolle Sachen seh'n.
Seht einmal, die Kuh
schaut nur vom Rand aus zu.

Lin

1. Das kannst du auch!

Katze

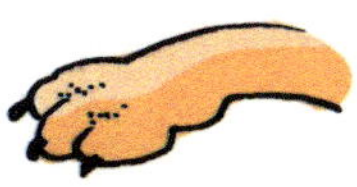

Tatze

Grille

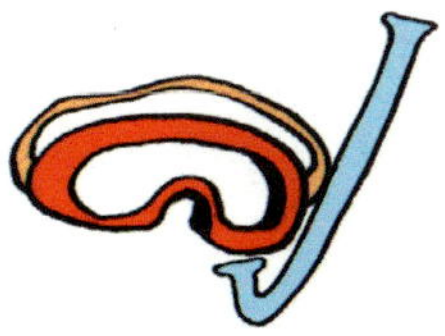

Taucherbrille

Pudel

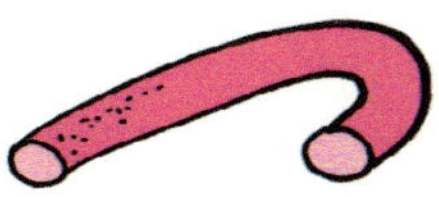

Schwimmbad-Nudel

nach dem Prinzip des *Analogen Schreibens* ein sommerliches Gedicht zu Tieren im Schwimmbad schreiben/mündlich ergänzen, dabei auch die vorgegebenen Bild- und Wortanregungen nutzen
→ **Audio-CD,** Track 59

Vorlesetexte

Feste in aller Welt

Überall auf der Welt feiern Menschen zusammen Feste.
Viele Feste und Feiertage
gehören zum Glauben der Menschen, der Religion.
Es gibt viele verschiedene Religionen auf der Welt.
Deshalb feiern die Menschen auch unterschiedliche Feste.
Vergleicht!

Diwali ist das Fest der Lichter bei den Hindus.
Sie glauben an verschiedene Götter.
Beim Diwali-Fest feiern sie ihren Gott Rama.
Sie zünden viele Kerzen an,
machen Feuerwerk und verschenken Süßigkeiten.
Die Kinder müssen nicht zur Schule gehen.

Die Juden glauben
an einen einzigen Gott.
Ihr heiliges Buch heißt Thora –
das bedeutet „Gesetz".
Die Juden feiern ein Fest
namens **Pessach**.
Dabei erinnern sie sich daran,
wie Gott den Juden half,
aus der Sklaverei in Ägypten
zu fliehen.

Vorlesetexte anhören; Feste unterschiedlicher Religionen kennenlernen und besprechen
→ **Audio-CD,** Track 60

Buddhisten verehren Buddha.
Mit dem **Wesak**-Fest feiern sie Buddhas Geburt. An diesem Tag waschen sie im Tempel Figuren, die Buddha als kleines Kind zeigen. Sie streuen auch Blumen und hängen Laternen auf. Viele essen für einen Tag kein Fleisch, weil Buddha alle Lebewesen liebgehabt hat.

Für die Christen ist Jesus Christus Gottes Sohn.
Sie glauben daran, dass er vor 2000 Jahren lebte, von den Römern getötet wurde und nach drei Tagen aus dem Grab auferstanden ist.
Deshalb feiern sie **Weihnachten**, die Geburt Jesu in einem Stall, und **Ostern**, Jesu Auferstehung.
Zu Weihnachten stellen die Christen oft einen geschmückten Tannenbaum auf.
Ostern werden Ostereier gesucht, denn Eier stehen für neues Leben.

Moslems glauben an Allah.
Fünfmal am Tag beten sie zu ihm – zu Hause oder in der Moschee.
Der Ramadan ist der Fastenmonat der Moslems.
Am Ende des Ramadan feiern sie das **Zuckerfest** zusammen mit der Familie und vielen Gästen.
Oft verschenken sie dann auch Geld, Essen und Kleidung an ärmere Menschen.

Projektanregung: Fotografien, Bilder oder Gegenstände zu entsprechenden Festen der eigenen Religion mit in die Schule bringen und von Bräuchen und Erfahrungen berichten

Mein Sprechwortschatz

die
Hose

die
Jacke

der
Mantel

das
T-Shirt

der
Pullover

die
Unterhose

die
Badehose

der
Bikini

die
Socken

die
Sandalen

die
Stiefel

das
Kleid

die
Mütze

der
Schal

die
Strumpfhose

der
Schlafanzug

einen Bildwortschatz zum Thema „Jahreszeiten und Jahreskreis“ besprechen; Kleidungsstücke bestimmten Jahreszeiten oder Tätigkeiten zuordnen; Tätigkeiten den Jahreszeiten zuordnen und Sätze bilden („Im Sommer pflücken wir Kirschen.“)

Schlitten fahren

Kekse backen

Laterne basteln

Schlittschuh laufen

singen

Geburtstag feiern

Schneemann bauen

spielen

Kirschen pflücken

Fußball spielen

Inliner fahren

ins Kino gehen

Geschichten erzählen

fernsehen

lachen

rutschen

schmücken

seilspringen

hüpfen

Blumen gießen

Drachen steigen lassen

den Wortschatz zum Thema „Jahreszeiten und Jahreskreis“ auf Afrikaans anhören
→ **Audio-CD,** Track 61

Bildquellennachweis

1/007.1 Fotolia LLC (Andrea Sachs), New York; **1/007.2** Fotolia LLC (Ivonne Wierink), New York; **1/007.3** shutterstock (Teo Boon Keng Alvin, New York), New York, NY; **1/007.4** Fotolia LLC (Monika Adamczyk), New York; **1/007.5** Fotolia LLC (Rulan), New York; **1/010.1** f1 online digitale Bildagentur (Bachmann), Frankfurt; **1/011.1** Dorling Kindersley Ltd., London; **1/011.2** Alamy Images RF (Bloom Works Inc.), Abingdon, Oxon; **1/011.3** Getty Images, München; **1/012.1** Klett-Archiv, Stuttgart; **1/012.2, 1/012.3, 1/013.1, 1/013.2** Klett-Archiv (Franziska Frenzel), Stuttgart; **1/016.1** Fotolia LLC (Howard Sandler, New York), New York; **1/016.2** Fotolia LLC (Martin Garnham, New York), New York; **1/016.3** Skolicky s.r.o./www.schul-moebel.de, Prag 7; **1/016.4** Skolicky s.r.o./www.schul-moebel.de, Prag 7; **1/016.5** Fotolia LLC (Daniel Burch), New York; **1/016.6** MEV Verlag GmbH (MEV Augsburg), Augsburg; **1/016.7** iStockphoto (Tomislav Stajduhar), Calgary, Alberta; **1/016.8** iStockphoto (RF/José Carlos Pires Pereira), Calgary, Alberta; **1/016.9** JupiterImages photos.com, Tucson, AZ; **1/016.10** Fotolia LLC (Jose Manuel Gelpi), New York; **1/016.11** shutterstock (terekhov igor), New York, NY; **1/016.12** MEV Verlag GmbH, Augsburg; **1/016.13** Fotolia LLC (endrille), New York; **1/016.14** MEV Verlag GmbH, Augsburg; **1/016.15** iStockphoto (¿iva Kirn), Calgary, Alberta; **1/016.16** shutterstock (Teo Boon Keng Alvin, New York), New York, NY; **2/020.1, 2/020.2. 2/020.3, 2/020.4** Klett-Archiv (Franziska Frenzel), Stuttgart; **2/023.1** Klett-Archiv, Stuttgart; **2/024.1** Corbis (Spy/photocuisine), Düsseldorf; **2/024.2** iStockphoto (gmnicholas), Calgary, Alberta; **2/025.1** Corbis (Madeline Polss/Envision), Düsseldorf; **2/025.2** iStockphoto (Cathleen Clapper), Calgary, Alberta; **2/025.3** iStockphoto (Karam Fotografia), Calgary, Alberta; **2/026.1** Klett-Archiv (Franziska Frenzel), Stuttgart; **2/026.2** Fotolia LLC (Israfil Sen), New York; **2/026.3** Fotolia LLC (Petr Gnuskin), New York; **2/026.4** Fotolia LLC (Diane Webb), New York; **2/026.5** Fotolia LLC (Marcel Mooij), New York; **2/026.6** Fotolia LLC (Philipp Gabrys), New York; **2/026.7** Fotolia LLC (Ljupco Smokovski), New York; **2/026.8** Fotolia LLC (Michael Kempf), New York; **2/026.9, 2/026.10, 2/026.11, 2/027.1, 2/027.2, 2/027.3, 2/027.4, 2/027.5** Klett-Archiv (Franziska Frenzel), Stuttgart; **2/030.1** shutterstock (Vibrant Image Studio), New York, NY; **3 / 035.1, 3/035.2, 3/038.1** Klett-Archiv, Stuttgart; **3/038.2** Alan MacDonald, "Rocco Randale", Umschlagillustrator "David Roberts", Klett Kinderbuch Verlag; **3/038.3, 3/038.4, 3/038.5, 3/038.6, 3/038.7, 3/038.8** Klett-Archiv, Stuttgart; **3/038.9** Fotolia LLC (Andreas Klingebiel, Naumburg), New York; **3/039.1, 3/039.2, 3/039.3** Klett-Archiv (Franziska Frenzel), Stuttgart; **3/040.1** Picture-Alliance (dpa), Frankfurt; **3/041.1** Corbis (Laurence Mouton/PhotoAlto), Düsseldorf; **3/041.2** Corbis (Randy Faris), Düsseldorf; **3/041.3** laif (Redux Pictures, Christopher LaMarca), Köln; **3/043.1, 3/044.1, 3/045.1, 3/045.2** Klett-Archiv (Franziska Frenzel), Stuttgart; **3/046.1, 3/046.2, 3/046.3, 3/046.4, 3/046.5, 3/046.6, 3/046.7, 3/046.8, 3/046.9, 3/046.10** Klett-Archiv (Andreas Klingebiel, Naumburg), Stuttgart; **3/046.11** shutterstock (Jason Stitt), New York, NY; **3/046.12** shutterstock (jazzikov), New York, NY; **3/046.13, 3/046.14, 3/046.15, 3/046.16** Klett-Archiv (Andreas Klingebiel, Naumburg), Stuttgart; **3/046.17** shutterstock (Monkey Business Images), New York, NY; **3/046.18** shutterstock (Monkey Business Images), New York, NY; **4/051.1** Picture-Alliance (Patrick Lux), Frankfurt; **4/051.2** iStockphoto (Calgary), Calgary, Alberta; **4/051.3** pro in space gmbh, Wülfrath; **4/051.4** Fotolia LLC (dja65), New York; **4/053.1** © 2009 Janosch film & medien AG, Berlin; **4/053.2** Verlag Beltz & Gelberg, Weinheim; **4/055.1** Klett-Archiv, Stuttgart; **4/055.2** Klett-Archiv, Stuttgart; **4/056.1** Imago Stock & People, Berlin; **4/056.2** Ullstein Bild GmbH (Still Pictures), Berlin; **4/057.1** Fotolia LLC (laurent davaine), New York; **4/057.2** Fotolia LLC (Harald Soehngen), New York; **4/057.3** Getty Images (FARJANA KHAN GODHULY/AFP), München; **4/057.4** Fotolia LLC (Kate Shephard), New York; **4/059.1** Imago Stock & People, Berlin; **4/059.2** iStockphoto (Visionsurf), Calgary, Alberta; **4/059.3** Corbis (Whisson/Jordan), Düsseldorf; **4/059.4** Fotolia LLC (photlook), New York; **4/059.5** Fotolia LLC (Dirk Schäfer), New York; **4/059.6** Fotolia LLC (Pics on stock), New York; **4/059.7** Fotolia LLC (marilyn barbone), New York; **4/062.1** iStockphoto (Calgary), Calgary, Alberta; **4/062.2** Picture-Alliance (Patrick Lux), Frankfurt; **4/062.3** Fotolia LLC (Vitaly Krivosheev), New York; **4/062.4** shutterstock (marilyn barbone), New York, NY; **4/062.5** Deutsche Bahn AG (Günter Jazbec), Berlin; **4/062.6** Fotolia LLC (dja65), New York; **4/062.7** pro in space gmbh, Wülfrath; **4/062.8** shutterstock (Rob Wilson), New York, NY; **4/062.9** Fotolia LLC (bofotolux), New York; **4/062.10** Klett-Archiv (Fabian H. Silberzahn), Stuttgart; **4/062.11** Fotolia LLC (danimages), New York; **4/062.12** iStockphoto (Calgary), Calgary, Alberta; **4/062.13** Siegfried Kuttig, Lüneburg; **4/062.14** iStockphoto (xyno), Calgary, Alberta; **4/062.15** Mauritius Images (Krümel), Mittenwald; **4/062.16** Pixelio.de (Gabi Schoenemann), München; **5/071.1, 5/071.2** Klett-Archiv, Stuttgart; **5/072.1** Fotolia LLC (flytime), New York; **5/072.2** Fotolia LLC (jacinda richman), New York; **5/073.1** Fotolia LLC (pablo_hernan), New York; **5/073.2** Fotolia LLC (Bergfee), New York; **5/073.3** Fotolia LLC (missliberty), New York; **5/073.4** Fotolia LLC (fotoverlag), New York; **5/075.1** Ullstein Bild GmbH (Imagebroker.net), Berlin; **5/078.1** shutterstock (Murat Baysan), New York, NY; **5/078.2** Kessler-Medien, Saarbrücken; **5/078.3** shutterstock (Kevin Eaves), New York, NY; **5/078.4** iStockphoto (Cornelia Pithart), Calgary, Alberta; **5/078.5** MEV Verlag GmbH, Augsburg; **5/078.6** Fotolia LLC (Sulabaja), New York; **5/078.7** shutterstock (Foustonten), New York, NY; **5/078.8** Pixelio.de (schneiderlein2808), München; **5/078.9** Fotolia LLC (Andreas Ernst), New York; **5/078.10** iStockphoto (Marc Slingerland), Calgary, Alberta; **5/078.11** Fotolia LLC (Matthias Krüttgen), New York; **5/078.12** Bilderberg (Ulf Boettcher), Hamburg; **5/078.13** Pixelio.de (johnny b), München; **5/078.14** iStockphoto (contour99), Calgary, Alberta; **5/078.15** iStockphoto (Tom Hahn), Calgary, Alberta; **5/078.16** shutterstock (Stephen Coburn), New York, NY; **6/082.1** Fotolia LLC (Maria Brzostowska), New York; **6/082.2** Fotolia LLC (Anja Krummeck), New York; **6/082.3** Fotolia LLC (Larry), New York; **6/083.1** Klett-Archiv (Franziska Frenzel), Stuttgart; **6/083.2** Klett-Archiv (Franziska Frenzel), Stuttgart; **6/083.3** Klett-Archiv (Franziska Frenzel), Stuttgart; **6/083.4** Klett-Archiv (Franziska Frenzel), Stuttgart; **6/083.5** Klett-Archiv (Franziska Frenzel), Stuttgart; **6 / 083.6** Klett-Archiv (Franziska Frenzel), Stuttgart; **6/085.1** Ullstein Bild GmbH (Massine), Berlin; **6/085.2** Ullstein Bild GmbH (Massine), Berlin; **6/087.1, 6 / 087.2** Klett-Archiv, Stuttgart; **6/088.1** Fotolia LLC (Digitalpress), New York; **6/088.2** Picture Press (Don Hadden/Ardea), Hamburg; **6/089.1** Corbis (Saed Hindash/Star Ledger), Düsseldorf; **6/089.2** Fotolia LLC (MOKreations), New York; **6/089.3** Fotolia LLC (Antje Lindert Rottke), New York; **6/089.4** Fotolia LLC (aldaer), New York; **6/089.5** laif (Heiko Meyer), Köln; **6/090.1** Klett-Archiv (Franziska Frenzel), Stuttgart; **6/090.2** Klett-Archiv, Stuttgart; **6/091.1, 6/091.2, 6 / 091.3, 6/091.4** Klett-Archiv (Franziska Frenzel), Stuttgart; **6/094.1** WILDLIFE Bildagentur GmbH (D.Harms), Hamburg; **6/094.2** Fotolia LLC (pixelpicnic), New York; **6/094.3** shutterstock (Tischenko Irina), New York, NY; **6/094.4** Pixelio.de (heinz dahlmanns), München; **6/094.5** shutterstock (TTphoto), New York, NY; **6/094.6** iStockphoto, Calgary, Alberta; **6/094.7** shutterstock (ostromec), New York, NY; **6/094.8** MEV Verlag GmbH, Augsburg; **6/094.9** iStockphoto, Calgary, Alberta; **6/094.10** Fotolia LLC (Holz Marketing), New York; **6/094.11** Fotolia LLC (René de Brunn), New York; **6/094.12** Okapia (Dietmar Nill), Frankfurt; **6/094.13** iStockphoto, Calgary, Alberta; **6/094.14** Fotolia LLC, New York; **6/094.15** iStockphoto, Calgary, Alberta; **6/094.16** Fotolia LLC (Guy Sagi), New York; **6/095.1** Fotolia LLC (unpict), New York; **6/095.2** MEV Verlag GmbH, Augsburg; **6/095.3** Corbis (Jonas), Düsseldorf; **6/095.4** Pixelio.de (Ernst Rose), München; **6/095.5** Fotolia LLC (Eric Isselée), New York; **6/095.6** Fotolia LLC (sparkmom), New York; **6/095.7** Fotolia LLC (Marion Wear), New York; **6/095.8** Fotolia LLC (Heino Pattschull), New York; **6/095.9** Pixelio.de (Liane), München; **6/095.10** Pixelio.de, München; **6/095.11** shutterstock (Eric Isselée), New York, NY; **6/095.12** iStockphoto (Nikolay Titov), Calgary, Alberta; **7/099.1** Klett-Archiv, Stuttgart; **7/099.2** Ullstein Bild GmbH (Schöning), Berlin; **7/103.1, 7/103.2** Klett-Archiv, Stuttgart; **7/104.1** Mauritius Images (AGE), Mittenwald; **7/105.1** Biosphoto (Lorgnier Antoine), Berlin; **7/105.2** images.de digital photo GmbH (Lonely Planet Images/Tom Cockrem), Berlin; **7/105.3, 7/106.1, 7/106.2** Klett-Archiv (Gabriela Holzmann), Stuttgart; **7 / 106.3, 7/106.4, 7/106.5, 7/109.1** Klett-Archiv, Stuttgart; **7/110.1** Fotolia LLC (Giuseppe Porzani), New York; **7/110.2** Prof. Jürgen Wirth, Dreieich; **7/110.3** MEV Verlag GmbH, Augsburg; **7/110.4** MEV Verlag GmbH, Augsburg; **7/110.5** iStockphoto (Scott Kochsiek), Calgary, Alberta; **7/110.6** Fotolia LLC (Peer Frings), New York; **7/110.7** iStockphoto (Steve Goodwin), Calgary, Alberta; **7/110.8** MEV Verlag GmbH, Augsburg; **7/110.9** shutterstock (Dragan Trifunovic), New York, NY; **7/110.10** iStockphoto (igor kisselev), Calgary, Alberta; **7/110.11** Fotolia LLC (pdtnc), New York; **7/110.12** shutterstock (Perov Stanislav), New York, NY; **7/110.13** shutterstock (Masterov Egor), New York, NY; **7/110.14** iStockphoto, Calgary, Alberta; **7/110.15** Fotolia LLC (Carl Durocher), New York; **7/110.16** Pixelio.de (Petra Dietz), München; **/106.6** Klett-Archiv, Stuttgart; **8/115.1** Bajazzo Verlag, Zürich; **8/115.2** Bajazzo Verlag, Zürich; **8/115.3** aus: Martin Baltscheit, Die Geschichte vom Löwen, der nicht schreiben konnte, Bajazzo Verlag, Zürich; **8/116.1** Mary Pope Osborne, "Das magische Baumhaus - Im Tal der Dinosaurier", Coverillustration von Jutta Knipping. © 2000 Loewe Verlag GmbH, Bindlach; **8/117.1, 8/117.2** Klett-Archiv, Stuttgart; **8/120.1** Fischer Schatzinsel Verlag; **8/120.2** Unieboek BV, Houten; **8/121.1** aus: KNISTER/"Hexe Lilli stellt die Schule auf den Kopf". Illustrationen von: Birgit Rieger. © 1994 Arena Verlag GmbH, Würzburg; **8/121.2** aus: KNISTER/Lilli the witch. Trouble at school. Illustrationen von: Birgit Rieger. © 2003 Arena Verlag GmbH, Würzburg; **8/121.3** Verlag Beltz & Gelberg, Weinheim; **8/121.4** Helme Heine, "Trois amis", Gallimard Jeunesse, Folio Benjamin Nouv.presentati, numéro 20; **8/121.5** DTV GmbH & Co. KG, München; **8/121.6** Nord Süd Verlag AG ("Küçük beyaz ayi nereye gidiyorsun?/Kleiner Eisbär, wohin fährst du?" von Hans de Beer © 1994 NordSüd Verlag AG, CH-8005 Zürich), Gossau; **8/122.1** Warner Bros. Entertainment GmbH, Hamburg; **8/122.2** Concorde Home Entertainment GmbH, München; **8/122.3** Ullstein Bild GmbH (Pressefoto Ulmer), Berlin; **8/122.4** Liane Schneider/Eva Wentel-Bürger: Conni kommt in die Schule © Carlsen Verlag GmbH, Hamburg 1997; **8/124.1, 8/124.3, 8/124.5, 8/125.1** Klett-Archiv (Franziska Frenzel), Stuttgart; **8/124.2, 8/124.4, 8/124.6, 8/125.2, 8/125.4, 8/125.6** Klett-Archiv, Stuttgart; **8/126.1** iStockphoto (Alex Slobodkin), Calgary, Alberta; **8/126.2** iStockphoto (Dennys Bisogno), Calgary, Alberta; **8/126.3** Klett-Archiv (Heike Günther), Stuttgart; **8 / 126.4** Klett-Archiv, Stuttgart; **8/126.5** Klett-Archiv, Stuttgart; **8/126.6** Verlag Friedrich Oetinger GmbH, Hamburg; **8/126.7** Bulls Press, Frankfurt; **8/126.8** Klett-Archiv, Stuttgart; **8/126.9** shutterstock (hardtmuth), New York, NY; **8/126.10** shutterstock (Sklep Spozywczy), New York, NY; **8/126.11** Klett-Archiv (Alex Slobodkin), Stuttgart; **8/126.12** Fotolia LLC (Albo), New York; **8/126.13** shutterstock (Ionia), New York, NY; **8/126.14** iStockphoto (Matjaz Boncina), Calgary, Alberta; **8/126.15** shutterstock (Alexander Kalina), New York, NY; **8/126.16** iStockphoto (Jonas Gunnarsson), Calgary, Alberta; **9/136.1** Fotolia LLC (M.W.), New York; **9/136.2** Klett-Archiv, Stuttgart; **9/136.3** Klett-Archiv, Stuttgart; **9/136.4** Klett-Archiv, Stuttgart; **9/137.1** Fotolia LLC (Tomo Jesenicnik), New York; **9/137.2** Klett-Archiv, Stuttgart; **9/137.3** Klett-Archiv, Stuttgart; **9/138.1** Fotolia LLC (Viktor Ivandikov), New York; **9/138.2** Klett-Archiv, Stuttgart; **9/139.1** Fotolia LLC (Oliver Burlon), New York; **9/140.1** shutterstock (Ghaint), New York, NY; **9/140.2** Corbis (Roger Ressmeyer), Düsseldorf; **9/141.1** Thomson Reuters Deutschland GmbH (Kham), Frankfurt; **9/141.3** shutterstock (Studiotouch), New York, NY; **9/141.4** Action Press GmbH (ANP PHOTO), Hamburg; **9/142.1** Fotolia LLC, New York; **9/142.2** Klett-Archiv, Stuttgart; **9/142.3** JupiterImages photos.com, Tucson, AZ; **9/142.4** shutterstock (Roman Sigaev), New York, NY; **9/142.5** shutterstock (Roman Sigaev), New York, NY; **9/142.6** shutterstock (Roman Sigaev), New York, NY; **9/142.7** shutterstock (Roman Sigaev), New York, NY; **9/142.8** Klett-Archiv (Franziska Frenzel), Stuttgart; **9/142.9** Fotolia LLC (broker, New York), New York; **9/142.10** shutterstock (Stephanie Frey), New York, NY; **9/142.11** shutterstock (mtr), New York, NY; **9/142.12** Klett-Archiv, Stuttgart; **9/142.13** Fotolia LLC (kameel), New York; **9/142.14** shutterstock (Tyler Boyes, New York), New York, NY; **9/142.15** Klett-Archiv (Franziska Frenzel), Stuttgart; **9/142.16** iStockphoto (Fielding Piepereit), Calgary, Alberta